COLLECTION

DES CHEFS-D'OEUVRE

DE

L'ARCHITECTURE

DES DIFFÉRENS PEUPLES.

COLLECTION

DES CHEFS-D'OEUVRE

DE

L'ARCHITECTURE

DES DIFFÉRENS PEUPLES,

EXÉCUTÉS EN MODÈLES,

SOUS LA DIRECTION DE L.-F. CASSAS,

AUTEUR DES VOYAGES D'ISTRIE, DALMATIE, SYRIE
PHŒNICIE, PALESTINE, BASSE-ÉGYPTE, etc.;

DÉCRITE ET ANALYSÉE PAR J.-G. LEGRAND,

ARCHITECTE DES MONUMENS PUBLICS, MEMBRE DE PLUSIEURS
SOCIÉTÉS SAVANTES ET LITTÉRAIRES.

À PARIS,

DE L'IMPRIMERIE DE LEBLANC,

RUE DE LA PAIX, N.º I, FAUB. S. GERMAIN.

1806.

INTRODUCTION.

L'ARCHITECTURE, si justement hono-
rée chez les anciens peuples, admirée
et recherchée avec soin dans tous les
temps par les voyageurs instruits;
placée chez les Grecs au rang des arts
d'imagination, d'agrément et de goût,
objets de la plus grande magnificence
chez les Romains; considérée encore
aujourd'hui en Italie, n'est pas appré-
ciée à sa juste valeur en France.

Il n'est pas rare d'y rencontrer des
hommes distingués par leur rang, par
beaucoup d'esprit, et par une infinité
de connaissances, qui, n'ayant presque
aucune idée de l'existence de cet art,
le confondent sans cesse avec la bâ-
tisse vulgaire, et le circonscrivent dans
les bornes étroites du métier, sans
s'apercevoir que son plus noble em-

ploi consiste à ériger des monumens chargés de peindre à la postérité le caractère et le génie de chaque peuple, et d'indiquer les époques de gloire ou d'affaiblissement qui composent ses annales.

Pour porter un semblable jugement sur cet art, il faut n'avoir jamais lu l'histoire, ou n'avoir fait aucune attention aux descriptions pompeuses des monumens d'architecture qu'elle se plaît à mentionner honorablement dans les fastes de tous les peuples civilisés.

Nous parle-t-elle de leurs religions diverses, elle est forcée de nous décrire la forme de leurs temples, des autels et du sanctuaire auguste où l'on allait chercher, invoquer, adorer les dieux.

L'architecture faisait en quelque sorte partie de ces religions révérées; ces dieux eux-mêmes donnaient à leurs pontifes les dimensions de leurs temples; et chez les Grecs, Minerve, Apollon, Neptune inspiraient et protégeaient les artistes chargés du soin de bâtir et d'orner les villes et les monumens qui en faisaient la gloire.

L'histoire, en parlant des lois, nous peint la forme et l'imposante majesté des basiliques, et jusqu'à l'ordre observé dans les gradins où venaient siéger les juges des nations.

Nous entretient-elle de la grandeur et du faste des rois les plus puissans? c'est par la description de leurs palais superbes, des places qui les avoisinent, des monumens des arts qui les enrichissent, qu'elle parvient à nous donner une idée de l'étendue du pouvoir de ces souverains, et à mettre de l'intérêt et de la variété dans le récit des faits dont leur vie se compose.

Confie-t-elle à la presse le soin d'em-

bellir quelque heureux épisode? l'architecture vient se placer à côté des
beautés de la nature; Homère, le
prince des poètes, se plaît à décrire
en vers pompeux les monumens de
Troyes, le palais de Priam et ceux
d'Ulysse et d'Alcinoüs.

Enfin, est-il question de la grandeur
des cités et de leur importance ou de
leur ancienneté? elle étale avec orgueil les productions des arts, les dé-
taille avec complaisance, les compare
avec ceux d'un autre âge et d'un autre climat; elle brigue enfin, devant
le lecteur attentif, la préférence en faveur de la plus superbe et de la plus
riche en monumens d'architecture.

Babylone, Memphis, Thèbes, Alexandrie, Athènes ou Paris rivalisent
alors, et se disputent la palme du
génie; chacune prétend à l'honneur de
produire un plus grand chef-d'œuvre,
et d'ajouter une merveille nouvelle

aux monumens célèbres que l'histoire elle-même décora du titre de *Merveilles du Monde*.

Mais quoi, dira-t-on, faut-il, pour démêler les beautés de cet art, étudier péniblement Vitruve, et compasser les ordres avec Vignole ou Palladio? Pour être connaisseur, faut-il commencer par être architecte? Ne suffit-il pas qu'un homme de goût ait des connaissances en littérature, et s'il a ces connaissances, ne sera-t-il pas suffisamment éclairé en architecture? Non, sans doute; et s'il n'a pas voyagé, observé les monumens dans les différens pays; s'il n'a pas conféré, par desir de s'instruire, avec de savans professeurs, cet homme de goût abusé ne rapportera de ses voyages que de la suffisance, et répétera quelques phrases bannales sur les pyramides d'Egypte, sur Saint-Pierre de Rome, sur Sainte-Sophie de Constantinople, et portera des jugemens tout-à-fait erronés sur les monumens des arts.

La Collection des chefs-d'œuvre de l'Architecture, exécutée en modèles dans leurs justes proportions, et rapprochée sur des échelles convenables, offre seule un puissant moyen d'instruction en ce genre; et c'est un spectacle digne de tous les esprits cultivés que la comparaison à faire sur ces modèles du caractère particulier de l'architecture des différens peuples.

L'artiste qui la met aujourd'hui sous les yeux des amateurs, par une exposition publique, rend à l'art un service essentiel, en facilitant ainsi son étude par le choix raisonné qu'il a fait des monumens les plus beaux, les plus célèbres, les plus caractéristiques de l'architecture égyptienne, indienne, persanne, grecque, palmyrénienne, étrusque, mexicaine, romaine, gothique, mauresque, italienne, etc.

La variété des formes adoptées par chacun de ces peuples ne pouvait être bien sentie que par des modèles en reliefs, susceptibles d'être éclairés à tous les effets du jour, ou de recevoir la nuit au moyen de lumières adroitement ménagées ; un clair-obscur pittoresque et souvent magique, dont les peintres d'histoire et de décorations peuvent tirer le parti le plus avantageux, pour mettre dans leurs tableaux le style convenable au sujet qu'ils traitent et la vérité la plus parfaite.

Les dessins les mieux faits, les gravures les plus soignées, ne pouvaient remplacer pour cet objet l'avantage incomparable des modèles, qui font ainsi contraster toutes les formes, et les gravent dans la mémoire en traits ineffaçables, sans obliger à cet effort d'attention qu'exige la comparaison de plans, de coupes, d'élévations diffi-

ciles à concevoir pour l'artiste même,
difficultés que ne résout pas entièrement le dessin en perspective le plus
exact et le mieux présenté.

Le choix des monumens, leur opposition, la connaissance des auteurs
et des sources où il fallait puiser,
pour réunir avec art et vraisemblance
leurs débris épars, et en former un
ensemble harmonieux sans sortir du
caractère de l'architecture du siècle
et de chaque peuple, ont exigé de la
part de l'auteur de cette collection,
des recherches et des combinaisons
sans nombre; il fallait son goût exercé,
son génie pittoresque, pour assembler
et opposer ainsi avec succès les formes simples, graves, sévères, imposantes, avec la légèreté, la grâce,
l'élégance et tous les degrés de richesses. L'exécution de ces modèles faits
en talc fin, soit en liége, soit en terre
cuite, en bronze, en marbre pour

leurs accessoires, exigeait de sa part une application constante et même opiniâtre, et le concours des plus habiles modeleurs : c'est ce qu'il a su réunir par le travail de plusieurs années et des dépenses très - considérables.

Il en consacre aujourd'hui le résultat à la curiosité publique ; et, pour le tourner au profit de l'instruction, il a desiré rassembler dans une notice, rédigée avec précision, l'abrégé historique de chaque monument et l'analyse des principes d'architecture, ou des beautés qu'il renferme, des exemples qu'il présente, et des applications différentes qu'il peut recevoir parmi nous.

Sans doute il eût souhaité qu'un local plus vaste encore, éclairé d'en haut seulement, lui eût permis de ranger cette collection dans un ordre chronologique, et de classer à part les monumens de chaque siècle et de chaque peuple, en séparant ceux de l'Egypte, de l'Inde, de la Grèce et de Rome, etc.; mais cette magnificence et cet ordre à mettre dans l'arrangement de ces modèles, sont réservés au Souverain qui voudrait en devenir possesseur, et qui, en leur destinant une immense galerie, les consacrerait ainsi à l'instruction publique et à la curiosité des étrangers, avec cet appareil imposant, auquel il est difficile qu'un particulier puisse atteindre.

Les numéros placés sur chaque modèle, et correspondans à ceux de la notice, suffiront pour faire reconnaître le monument qui appartient à tel peuple et à tel genre d'architecture, et pour y appliquer les observations historiques ou théoriques sur l'art que contiendra l'article désigné.

Ce travail étant essentiellement lié à l'histoire et aux progrès de l'archi-

tecture chez tous les peuples anciens
et modernes, je me suis fait un plaisir
et un devoir de concourir, par la ré-
daction de cette notice explicative,
au perfectionnement de l'art et du
goût qui doivent résulter de cette
exposition d'un genre tout-à-fait neuf,
et qui pourrait devenir un muséum
complet d'architecture, si l'on y réunissait l'intéressante collection d'ornemens moulés sur l'antique, et de fragmens originaux, formée en Italie avec
le plus grand soin et le meilleur choix
par M. Léon Dufourny, collection devenue nationale, et confiée aujour-
d'hui à la garde de ce savant profes-
seur de l'école spéciale d'architecture,
au palais des Arts (anciennement les
Quatre-Nations). Les connaisseurs qui
réuniront par la pensée cette collection à celle aujourd'hui présentée par
M. Cassas, auront l'idée de la perfection dans ce genre; et le Souverain

éclairé qui pourrait les rassembler
dans un même local disposé convenablement pour les recevoir, assure-
rait aux jeunes artistes et à tous les
amateurs des beaux arts, le plus grand
et le plus sûr moyen d'instruction qui
ait jamais existé pour l'architecture
chez aucun peuple.

Quel avantage, en effet, de pouvoir
comparer au même instant l'ensemble
du temple de Minerve dans son modèle entier, et tel qu'il existait dans
sa fraîcheur, avec les profils moulés
de ses chapiteaux et les fragmens
précieux des bas-reliefs de Phidias,
qui sont échappés à la dévastation du
temps et de la barbare ignorance *;
de rapprocher les beaux ornemens

---

* On les doit au zèle bien connu de M. de Choiseul-
Gouffier, et à ses connaissances en architecture; cet
ambassadeur les fit mouler à Athènes avec le plus grand
soin, et c'est M. Fauvel qui voulut bien se charger de
cette opération délicate et périlleuse.

du temple d'Erechthée du modèle fini de ses portiques, où brillent l'élégance et toute la grâce attique; de voir les riches détails de l'arc de Titus, ou de Constantin, à côté de leur masse imposante et noble, présentés ainsi en modèles à l'instant même où l'on s'occupe d'ériger des monumens de ce genre à la gloire de nos armées et de leur chef illustre; de mettre à côté de ces lignes simples et sévères de l'architecture égyptienne les détails naïfs et fins de leurs hiéroglyphes, que les savans et les artistes de l'expédition d'Egypte ont moulés avec soin et rapportés en France, où ils préparent leur publication !

Si l'on ajoute à ces rapprochemens, également intéressans pour l'amateur et pour l'artiste, une suite de tableaux, ou de dessins en perspective et coloriés, pris dans le local même, et qui représentent l'état actuel du

2

monument dont le modèle offre la restauration, on aura, sans doute, tout ce qu'il est possible de desirer, et l'on apercevra au même instant, en parcourant l'intervalle de plusieurs milliers d'années, ce qu'était autrefois chaque édifice, et ce qu'il est maintenant; on verra le ciel brûlant ou glacé sous lequel il est placé; le site montagneux, ou riant, ou sauvage, qui l'environne; la nature des rochers, des arbres, des plantes du pays; le costume des peuples qui le possèdent ou qui vont quelquefois le visiter; enfin, on sera transporté, comme par enchantement, au pied de ces monumens célèbres, sans éprouver la fatigue du voyage, et l'on aura l'avantage infini de pouvoir comparer au même instant les monumens de l'Asie avec ceux de l'Europe ou de l'Afrique, en faisant quelques pas seulement.

Telles sont les jouissances ménagées

par l'auteur de cette collection aux amis des arts. Les tableaux de sa main qui ornent cette galerie, ont tous rapport aux monumens dont elle renferme les modèles, et présentent les sites environnans, ou les effets pittoresques de leurs débris : telles sont les vues du mont Liban, des pyramides d'Egypte, du Caire, d'Alexandrie, d'Athènes, de Palmyre, etc.; souvent même on trouve à côté quelques développemens de leurs plus belles parties, modelés et moulés avec soin, et qui reproduisent le beau faire et tous les détails de leurs élémens, ou de leurs accessoires.

Il ne reste plus qu'à dire un mot sur les autorités qui ont servi à restaurer, dans des modèles entiers, les édifices qui aujourd'hui n'existent plus, ou sont tellement mutilés, qu'il paraît difficile de pouvoir rencontrer ce qu'ils furent lors de leur fondation première;

et sur la licence que l'on s'est quelquefois donnée de sur-ajouter des
parties dont l'existence ne peut être
supposée que par analogie avec des
monumens de même genre, érigés
dans le même siècle et dans le même
pays.

Pour rendre raison des moyens employés à ces restaurations diverses,
sans faire un trop grand nombre de
suppositions, les gens de l'art conce-
vront comment, avec un plan relevé sur
les lieux et des fragmens encore existans, quoiqu'en petit nombre, on peut
facilement retrouver la masse entière
d'un temple, d'un théâtre ou d'un
cirque, dont les formes antiques et
constantes sont connues par les auteurs anciens, par les médailles, par
les bas-reliefs, ou se retrouvent entières et sans aucune mutilation dans
quelques monumens anciens.

C'est à la science de l'antiquaire,

c'est à la saine critique, à la sagacité du voyageur, à choisir avec discernement dans les différentes sources où il peut puiser, et à n'admettre que des suppositions vraisemblables, avouées par l'art, et toujours parfaitement d'accord avec le style du temps; en harmonie avec le systême d'architecture, employé par le peuple qui bâtissait à telle époque de son origine, de sa splendeur, ou de sa décadence. C'est alors que, dans le doute, il a dû s'éclairer par la discussion établie avec méthode entre un petit nombre d'hommes éclairés dans cette partie, et présenter même quelquefois plusieurs systêmes de restauration également probables, également avoués par la science et par le goût, en attendant que quelque découverte nouvelle, faite dans le vaste champ de l'antiquité, puisse mettre à même de résoudre cette sorte de problême d'architecture avec plus de probabilité, de justesse et de certitude.

Les gens véritablement instruits ou ceux qui doivent le devenir, ne peuvent exiger, dans ce cas, que ce qui est probable et possible, au point où les relations des voyageurs les plus accrédités, le rapprochement des auteurs anciens, et la science de l'antiquité, sont maintenant parvenues; et si une idée quelquefois hasardée, mais souvent très-ingénieuse, leur est présentée comme hypothèse probable, doivent-ils en faire un reproche au peintre, dont l'imagination vive, exaltée sur les lieux par tant de beaux objets, et plus de souvenirs encore, leur procure le plaisir d'une forme nouvelle ou d'un tableau pittoresque que la vue de plusieurs riches débris lui aura suggéré dans le moment du plus vif enthousiasme?

Ces restaurations hasardées d'ail-

leurs en petit nombre, ne seront pré-
sentées dans cette notice que comme
des suppositions vraisemblables, et
l'on fera toujours connaître avec sin-
cérité les élémens qui leur ont servi
de base, ou les principes sur lesquels
d'autres artistes pourraient s'appuyer
pour en produire de nouvelles.

Quant au droit d'exhibition de cette
galerie, qui se trouve compris dans
le prix de vente du livret, on ne
le trouvera certainement ni extraordinaire ni exagéré, si l'on réfléchit aux
frais considérables qu'ont occasionnés
à M. Cassas l'exécution d'un si grand
nombre de modèles avec autant de
soin et de précision, soit à Rome,
par d'excellens artistes, soit à Paris,
par des modeleurs d'un mérite également reconnu.

On sait avec quel succès ces exhi-
bitions sont pratiquées à Londres, et
les avantages qu'elles procurent aux

propriétaires de collections précieuses; enfin toutes les facilités qu'elles leur donnent, soit pour en former de nouvelles, soit pour les rendre encore plus intéressantes et plus complètes.

Ce serait donc un scrupule déplacé que celui qui empêcherait de faire usage d'un tel moyen, dont nos meilleurs et plus célèbres artistes ont d'ailleurs donné ici l'exemple.

Ce produit tourne toujours au profit de l'art et de l'industrie qu'il étend et favorise, et il n'est jamais que modique en raison des dépenses considérables d'acquisition, de premier établissement ou d'entretien.

COLLECTION

DES CHEFS-D'ŒUVRE

DE

L'ARCHITECTURE

DES DIFFÉRENS PEUPLES.

*Observations générales sur l'Architecture
égyptienne.*

L'ARCHITECTURE des Égyptiens est remarquable par sa proportion colossale, par la sévérité de ses lignes, la simplicité de ses masses, la gravité de son caractère, unies aux idées de savoir, de puissance et de richesse, que lui donne le plus souvent la sculpture hiéroglyphique dont elle est revêtue.

Ses monumens, exécutés avec des blocs d'une grandeur prodigieuse et d'une excessive dureté, semblent voués à l'éternité par une race de géants; on dirait qu'ils ont voulu, tantôt rendre l'intérieur des montagnes habitable, en les distribuant à leur usage; tantôt en former eux-mêmes, en taillant péniblement, mais avec art, des rochers, et les assemblant dans des masses régulières, religieusement consacrées à leurs dieux, à leurs chefs, à leurs illustres morts.

On ne devait, chez ces peuples, jamais penser à réparer, ni reconstruire des monumens, qu'ils avaient toujours pour but de rendre indestructibles; ils ne voulaient qu'illustrer chaque siècle par un nouvel ouvrage; lorsque ce siècle n'avait pu suffire à son achèvement, le siècle suivant le continuait avec constance, avec résignation, ou le léguait encore à ses descendans; le temps ne se calculait point parmi ces pieux fondateurs, parce que l'édifice était consacré au temps dont la durée est infinie.

Toutes les sculptures, toutes les richesses empreintes sur les murailles sacrées étaient symboliques, religieuses ou historiques, mais toujours significatives.

C'était une écriture respectée, parce qu'elle était mystérieuse, et qu'elle n'était expliquée au peuple que comme une récompense de ses travaux, de sa docilité, ou comme un secours émané des dieux, lors des calamités dont il était affligé.

Les prêtres, les rois, faisaient parler à leur gré ces murailles sacrées, ou leur ordonnaient de rester muettes ; ils y puisaient seuls les secrets de la science, la morale religieuse, les principes du gouvernement, pour en user selon l'intérêt de l'état, ou suivant le leur, si les lois n'étaient point encore parvenues à ce degré de perfection qui doit rendre commun celui des pontifes, des peuples et des rois.

Ce qui peut donc maintenant nous paraître bizarre et fantastique dans ces formes d'architecture, et dans leurs ornemens, cessait de l'être dans ces temps reculés, dont la plupart des usages nous sont inconnus; mais on y découvre cependant des principes de sagesse et de science, ou des motifs religieux.

La nature du climat, la dureté des matériaux, la nécessité d'occuper des bras oisifs, ont beaucoup influé sur le caractère de cette architecture.

La chaleur étant excessive et les pluies très-rares en Egypte, les inondations périodiques et les vents impétueux qui y règnent, ont forcé à se garantir de ces fléaux, ou à profiter des avantages du climat dans la construction des édifices publics.

On a donc construit avec des pierres d'un immense volume, dont la base équarie, fermement assurée, et le grain très-dur, pût résister au séjour des eaux, et au choc des vents et des tourbillons de sables lancés contre leurs parois.

L'épaisseur des murailles, la rareté des ouvertures défendit les habitans contre la chaleur du soleil, et assura d'autant plus la solidité et la durée des édifices.

On les couvrit en terrasse, 1.º parce que les toits eussent donné trop de prise aux vents, et qu'ils ne sont pas aussi nécessaires dans un climat où il pleut plus rarement que dans les autres; 2.º ces terrasses y donnaient encore le moyen de rassembler ce peu d'eaux pluviales et d'en faire usage ; 5.º elles devenaient, pendant le calme et la fraîcheur des nuits, le lieu d'habitation préféré ; on y respirait un air frais, et l'on y contemplait à loisir le spectacle sublime d'un ciel pur et serein; 4.º on y étudiait la marche des astres, et l'on surveillait les mouvemens du peuple, ou l'approche des ennemis.

La décoration des édifices publics fut puisée dans les productions de la nature et dans les idées religieuses qu'on y attacha; ainsi, la tige et les feuilles du palmier, la fleur du lotus et celle du papyrus, etc., formèrent ou enrichirent les colonnes des temples, leurs chapiteaux, leur couronnement, et d'autres ornemens; l'indication des phénomènes astronomiques décora les plafonds; les dieux, les élémens, les saisons, les influences célestes., furent représentés par d'ingénieuses ou de naïves allégories;

les mystères de la religion, les secrets de la médecine, les axiomes de morale, les faits de l'histoire, furent écrits sur ces murailles par de savans hiéroglyphes, et leur imprimèrent un caractère vénérable, en attirant la curiosité du peuple, et ne permettant qu'aux seuls initiés de profiter de ces utiles leçons.

La sculpture, qui forma les statues colossales pour la plupart, et tous ces emblêmes hiéro-glyphiques, fut le résultat d'une combinaison géométrique, et d'une imitation naïve de la nature : quant aux proportions et aux contours extérieurs, elle devint une convention fidèle-ment observée par les artistes, dont les prêtres, seuls dépositaires des sciences et régulateurs des arts, conduisaient le ciseau et prescrivaient les allégories.

Des principes secrets et constans les main-tenaient toujours dans la même route, ou ne leur permettaient de s'en écarter qu'en indi-quant celle qu'ils devaient suivre.

C'est d'après ces connaissances et ces obser-vations préliminaires, que l'on doit envisager les différentes productions de l'architecture égyptienne, dont la description va suivre.

N.º 1.er

*Vestibule du grand temple situé à Tentyris;
dans la haute Egypte, avant d'arriver à
Thèbes, executé d'après les planches de
Pococke et de Norden.*

C'est l'un des plus imposans et des plus par-
faits édifices de l'Egypte; les Arabes ont établi
un village sur sa plate-forme. C'est dans une
des salles de ce temple qu'étaient sculptés sur
des plafonds le beau zodiaque et le planisphère
céleste développés dans le voyage de M. Denon,
planches 130, 131 et 132.

Ce portique ou vestibule a six colonnes de
face et quatre de profondeur; ses dimensions
sont de 153 pieds sur 54; les colonnes ont 8 pieds
de diamètre. L'exécution de ses hiéroglyphes
nombreux est très-soignée.

N.º 2.

*Développement d'un des chapiteaux très-singu-
liers du même temple, fidèlement modelé
d'après les originaux, en Egypte, par
M. Castex, l'un des artistes attachés à l'expédition.*

N.° 3.

*Vestibule d'un monument vulgairement appelé
le Memnonium ou palais de Memnon, près
de Gournou, village bâti sur les ruines de
l'antique Abydos, à peu de distance de
Thèbes.*

A deux mille pas environ au-devant de cette
façade de proportion colossale, et dont les pilastres ont environ 8 pieds de diamètre et 40
pieds de hauteur, sont les deux statues dites
de Memnon, sur les jambes de l'une desquelles
on lit avec étonnement et intérêt les noms des
voyageurs de tous les âges et de tous les pays,
qui sont venus pour entendre les sons que rendait la statue lorsqu'elle était frappée des premiers rayons de l'aurore; parmi ces noms se
trouve celui de l'impératrice Sabine, femme
d'Hadrien. Ces figures sont très-mutilées; elles
sont assises et d'un seul bloc; elles ont 55 à
60 pieds d'élévation, et s'aperçoivent de cinq
lieues. Tout près du monument sont d'autres
statues également colossales, que Norden appelle aussi les colosses de Memnon.

N.° 4.

Ancien temple de Garbé Dendour, dans la Nubie.

LE modèle de ce monument, dont Norden ne donne que le plan et une vue perspective, est fait d'après des dessins communiqués par les religieux de la propagande établis au Caire.

N.° 5.

Grand portique ou arc de triomphe placé au-devant d'un temple à Dekke, dans la Nubie.

CE monument est appelé *Ell Guraen*; il a environ 160 pieds de hauteur.

N.° 6.

Portique dans l'île de Philoé, appelé dans le pays Ell Heiff, et que Norden distingue par le nom de temple de l'Épervier.

N.° 7.

Obélisque vulgairement appelé de Cléopâtre à Alexandrie.

LA base de cet obélisque n'a été connue que depuis l'expédition d'Egypte, par les fouilles que

l'on a pu faire au pied. C'est le seul exemple
que l'on ait de la manière dont ces sortes de
monumens étaient assis sur le sol; et l'on ne
peut rien concevoir de plus mâle, de plus
simple et de plus solide à-la-fois.

N.º 8.

*Intérieur de la chambre sépulcrale de l'une des
pyramides d'Egypte, et position du sarcophage qu'on y voit encore.*

SUR L'ARCHITECTURE INDIENNE.

On n'a que des notions incertaines et très-incomplètes sur l'architecture antique de l'Inde; et l'on est obligé de s'en rapporter sur les plus anciens monumens, à un très-petit nombre de passages extraits des auteurs, à des traditions vulgaires, que les voyageurs ont recueillies dans le pays, et à la conformité qui peut exister entre les tombeaux et les pagodes qu'on voit encore aujourd'hui, avec celles que le temps a détruits.

C'est dans les ouvrages de Bailly, de Danville, de Sainte-Croix, d'Hancarville, de Gentil, de Sonnerat, de Hunter, de Meiners, de Boon, de Hoodges, de Niebuhr, etc., que l'on peut puiser quelques renseignemens satisfaisans et des descriptions curieuses, et qu'on peut croire fidèles, sur l'Inde et sur l'architecture des Indiens.

Les Egyptiens commercèrent très-anciennement avec ces peuples, et, suivant les monumens et les traditions du pays, l'Inde fut le berceau de toutes les religions, et les Bracmanes en furent les inventeurs.

Ces Bracmanes sont très-différens des Brames *, quoique plusieurs auteurs les aient confondus, et que quelques-uns les aient fait descendre d'Abraham. On sait que Bacchus, Sémiramis, Osiris, en ont fait tour-à-tour la conquête, ou plutôt y ont voyagé avecdes armées ; et cependant ce n'est que depuis l'expédition d'Alexandre dans ce pays, arrosé par l'Indus et le Gange, que l'on a pu avoir par les historiens de ce prince, quelques notions certaines sur sa géographie, sa population, et les usages de ses habitans.

Suivant les livres sacrés des Indiens, les Brames ne se répandirent dans l'Indé qu'alors que *Vichenou*, leur dieu, sous le nom de *Rama*, vint y prêcher sa doctrine (il y a en-

---

* Selon M. Bailly, les Brames ne sont point originaires de l'Inde ; ils y ont apporté une langue et des lumières étrangères ; instruits par un peuple plus ancien, ils étaient très-savans, et ont communiqué leur savoir aux Grecs par leurs Sages. Suivant la tradition des Indiens mêmes, les Brames sont venus du Nord.

Les Indiens n'ont jamais envoyé de colonies et très-rarement admis des étrangers parmi eux ; le commerce seul y en a fait introduire, et la marine n'était pas assez perfectionnée pour qu'il s'en présentât beaucoup.

Ces peuples ont toujours été paisibles et asservis.

viron 5ooo ans, le culte de Chiven est plus
ancien de plusieurs mille ans) (*).

Les Lamas, les Bonzes de Foé, de Siam, du
Tunquin, de la Cochinchine, les Talapoins
du Pégu et d'Ava, les prêtres de Ceylan, ceux
de l'Egypte et de la Grèce, peuvent donc être
regardés comme leurs successeurs.

Les Saniassis seuls, espèce de religieux
indiens, seraient, suivant M. de Sonnerat, peut-
être les descendans des Bracmanes; les Ve-
dams sont aussi leurs plus anciens livres sur
la religion, et tous les autres en paraissent formés. Ils traitaient de toutes les sciences, mais
en style si élevé, que pour les entendre il a
fallu des commentaires qui sont aussi devenus
sacrés; les plus anciens sont les *Shastas*, ou
Chastrons, qui signifient *science*; ils datent
de plus de 48oo ans, et traitent de l'astronomie, de l'astrologie, des pronostics, de la morale, de la religion, de la médecine et de la
jurisprudence ; c'est d'après ces livres que les
Brames astronomes calculent le cours des
astres, et fabriquent les pandjangans ou alma-
nachs.

La langue de ces livres n'est plus entendue

(*) Les Indiens ont aussi leur déluge, dont ils re-
montent l'époque à vingt-un mille ans.

des Indiens ; il n'y en a que des extraits de traduction en langue vulgaire, le hamskrit ou samskrit est cette langue ancienne et savante en partie fixée par dix-huit dictionnaires et plusieurs grammaires, qui sont, dit-on, des chefs-d'œuvre ; peu de Brames même la savent, ce qui fait conclure à M. Bailly qu'elle vient d'un peuple plus ancien, très-savant, et qui s'est perdu.

Il y a de grands rapports entre les Chinois, les Siamois, les Egyptiens, les Persans et les Indiens. Les philosophes de toutes les nations vinrent s'instruire dans l'Inde ; Pythagore y puisa le dogme de la Métempsycose, que Vichenou y avait établi, et le répandit ; il y puisa aussi la science des nombres, et l'usage de tracer sur le sable des figures géométriques.

Les Egyptiens, les Grecs, et même les Juifs, adoptèrent le dogme et le modifièrent ; les Indiens, comme tous les autres peuples, ont adoré le soleil et la lune, et quelques nations sauvages y conservent encore ce culte.

Ils ont ensuite adoré le feu sous le nom de *Chiven*, dieu destructeur, comme Brama et Vichenou, dieu créateur, dieu conservateur.

Ils ont eu des feux sacrés comme tous les autres peuples, dont nos lampes sont une imitation.

Ces peuples ont aussi sacrifié au diable des

victimes humaines; ils ont eu l'usage des bains commandés par la religion, comme tous les peuples des pays chauds.

Ils écrivent avec un stylet sur des feuilles de palmier, et apprennent en traçant leurs lettres sur le sable.

Le temple ou la pagode des Gentils, sur la côte de Coromandel, est une grande enceinte carrée avec une porte au milieu de chaque face, au-dessus desquelles s'élèvent des masses pyramidales à 7 ou 8 étages appelés *cobrone*, couronnés par des dômes ou des voûtes en berceau. On y remarque des ouvertures carrées, d'autres en arcades, et de petites triangulaires; elles sont plus ou moins riches au Bengale et à la côte de Malabar.

Les plus fameux de la côte de Coromandel, pour Chiven, sont *Tironnamaley*, *Chalembra* et *Tirvalour*; pour Vichenou, *Tiroupadi*, *Chirangam*, *Cangivarou*. Le temple appelé *les sept Pagodes*, ou de *Marcsivaran*, entre Pondichéry et Madras, près de Saleras, doit être des plus anciens, si l'on en juge par l'accroissement de la mer depuis sa construction; car elle baigne son premier étage *. La pagode

---

* Six seulement sont visibles, la septième est sous les eaux de la mer.

de *Chalembron* paraît très-antique, mais ses inscriptions sont presque effacées et en caractères inintelligibles. Suivant les annales du pays et les livres sacrés, la pagode de *Jagrena*, la plus ancienne, aurait plus de 4900 ans de date. Celle où sont les deux éléphans est d'une seule pierre taillée dans une montagne ; on la décrit ainsi : au sommet était une figure colossale à quatre bras, placée sur une haute pyramide servant de couronnement au temple, dont le corps et les massifs étaient au-dessous.

Aux quatre angles étaient des éléphans, aussi colossaux, attachés par des chaînes que la figure placée au sommet de la pyramide, tenait dans sa main ; et ces chaînes, ainsi que tout l'ouvrage, étaient de la pierre de la montagne, et évuidées avec un art admirable ; dans le même morceau, et dans un genre à-peu-près mixte, entre le Persan, l'Indien et l'Egyptien, ce qui prouve la correspondance de ces peuples, et leur génie semblable pour l'architecture.

Les pyramides d'Egypte ne sont rien auprès des pagodes de *Salcette* et d'*Illoura* (près d'elles est le temple de Canara. Il y en a une autre dans l'île Eléphantine, près de Bombay, dont il sera parlé plus bas). Les figures, les bas-reliefs et les milliers de colonnes qui les ornent,

taillées au ciseau dans le même rocher, in-
diquent au-moins mille ans d'un travail consé-
cutif, et les dégradations du temps au-moins
3ooo ans d'existence.

Des murailles épaisses et très-élevées forment, autour des plus considérables, plusieurs
enceintes carrées, qui ont été flanquées de
bastions.

De petites chapelles sont pratiquées autour
et quelquefois dans le milieu de ces enceintes,
pour différentes divinités ; les voûtes de ces
édifices sont, comme les tours, chargées des
figures du *Lingam*, le *Phallus* des Romains ;
les temples les plus renommés ont un étang
sacré, déifié par les Brames, et auquel ils attribuent de grandes vertus.

Les autres enceintes contiennent des *chau-
deries* ou péristyles quelquefois immenses, sous
lesquels se mettent à l'abri le peuple et les
voyageurs. Il y a aussi de petits réduits pour
le portrait des saints et des rois qui, par leurs
vertus, ont mérité l'apothéose, et des loge-
mens pour les Brames.

La patience sur-tout et l'idée d'un travail
long et pénible, exécuté par des milliers de
bras, pendant un grand nombre d'années,
caractérisent l'architecture antique de l'Inde,
dont la plupart des monumens sont taillés à

même le rocher, et creusés dans les montagnes avec un art admirable; lorsqu'ils sont, au
contraire, dans la forme pyramidale, les Indiens semblent avoir voulu façonner l'extérieur de ces mêmes montagnes, les revêtir de
tous les emblêmes de leur culte, et se les ap-
proprier en quelque sorte par un travail si prodigieux, qu'elles paraissent autant l'ouvrage des
hommes que celui du créateur.

Tel est le tombeau pyramidal de Seringapatam, modèle n.° 9.

Cette espèce de sculpture architecturale doit
son origine à l'habitation première des grottes
naturelles, peu-à-peu agrandies et rendues
plus commodes par de nouvelles issues ou par
des excavations ajoutées : elles auront ensuite
été imitées par d'immenses travaux entrepris
à même la masse des montagnes qui, ne se
trouvant point percées de grottes naturelles,
firent desirer néanmoins, par leur position avantageuse et la nature de leur sol, de les rendre
habitables, ou d'en faire des monumens du
culte de la religion ou de celui des tombeaux.
Les premiers succès dans des entreprises de ce
genre, firent ambitionner à ces peuples la
gloire de laisser après eux des monumens ri-
vaux de ceux de la nature, et travaillés avec
tant d'art, de constance et de soin pendant

plusieurs siècles, que les générations suivantes
ne puissent que les admirer sans former jamais le projet de les égaler, ou moins encore
celui de les surpasser *.

Il est permis de penser aussi que la nature,
qui, dans les plus vastes productions de ce
genre, se plaît à étaler des richesses d'un fini
précieux et d'une étonnante variété, en y
taillant les pétrifications et cristallisations formées des matières les plus dures, les plus brillantes et les plus précieuses à-la-fois, souvent

---

* La principale pagode de Vilnour est une haute
tour carrée pyramidale, placée sur un soubassement
et à 12 étages en gradins, sur chacun desquels tourne
un bas-relief très-saillant, représentant les figures des
dieux et les cérémonies de leur culte.

Les temples les plus fameux sont érigés à Chiven,
Vichenou, et au fils de Chiven; les autres sont plus petits. Pollear, quoiqu'un des dieux plus puissans, n'a point
de temple, mais seulement une chapelle dans ceux de
Chiven; ses statues, toujours de pierre, sont exposées
en plein air, sur tous les chemins, ou dans quelques
niches dans les rues ou les campagnes.

Les images des dieux peuvent être de pierre, de cuivre
ou d'or, mais jamais d'argent, ou d'autres métaux: elles
sont toujours doubles; l'une extérieure, à laquelle le
peuple lui-même présente les offrandes; l'autre intérieure, et à laquelle on les fait parvenir par le ministère
des Brames, qui seuls peuvent en approcher.

même disposées avec une hardiesse, une symétrie, ou des contrastes les plus pittoresques
et les plus étonnans, dans des colonnes naturelles ou des arcs, et des voûtes évidées en cent
façons, aura fourni le modèle du travail le plus
délicat, appliqué par suite à l'ébauche de ces
masses gigantesques, et qu'à son exemple, les
pilliers sans nombre de ces grottes souterraines,
leurs plafonds ou leurs voûtes, leurs dômes
mêmes, auront été revêtus de tout ce que le
travail de l'art peut produire de plus léger, de
plus riche et de plus délicat.

Les ouvertures principales de ces temples
souterrains, ou de ces grottes, ont été orientées
au nord, à l'orient et à l'occident, afin de leur
conserver l'avantage de la circulation d'un air
frais, en leur procurant de belles masses de
lumières, sans les exposer à l'haleine brûlante
des vents du midi. Il y en a dont la hauteur
est de 14 à 15 pieds, et dans lesquelles la
masse du rocher, formant plafond, est suppor-
tée par quatre rangs de colonnes régulièrement
espacées aussi de 15 pieds les unes des autres.
C'est ainsi du-moins que *Hunter* décrit une des
grottes artificielles située dans la petite île Elé-
phanta, à l'orient du port de Bombay, et dont
la situation est admirable par l'élévation de
cette île au-dessus du pays environnant, et

par les magnifiques terrasses en amphithéâtres qui sont pratiquées au-devant des entrées de ce temple, dont la longueur est de 130 pieds anglais, et la largeur, de 110.

On peut voir pour tous ces détails, qui m'éloigneraient ici de mon but, l'Archéologie et les divers Recueils de voyages dans l'Inde, Niebuhr, etc. Ceux à qui l'allemand est familier pourront aussi consulter le 4.e chapitre de l'Histoire de l'Architecture de Stieglitz; et l'on attend incessamment un Essai historique, géographique et politique du commerce de l'Inde, par M. Legoux de Flaix, lieutenant-colonel du génie.

On se convaincra, par l'examen, de la différence de ce genre avec celui des Egyptiens, et d'une certaine analogie avec celui des Arabes et des Perses, qui pourrait faire croire que ces peuples ont eu, dans quelques-unes de leurs constructions, le souvenir des monumens de l'Inde, si l'on peut ainsi juger par une architecture plus moderne de ce que fut l'architecture antique des Indiens, transmise au moyen de l'espèce de tradition qui a lieu dans l'art de bâtir. On remarquera que les tombeaux des rois indiens, gravés à Londres dans le recueil de *Hoodges*, sont assez dans la forme des mosquées du Caire, et tiennent beaucoup du style arabe.

Le tombeau de l'Empereur Akbar, né à

Amicat, sur les frontières de la Perse, en
1541, la 948.ᵉ de l'Hégyre, est une des plus
belles productions de la renaissance de l'architecture indienne. Ce prince favorisa les arts et
toutes les sciences pendant un règne de 51 ans,
et surpassa la gloire et la renommée de tous
les princes de la maison de Timour; il était
fils de l'empereur Humaioun; sous son règne
donc, l'architecture mauresque acquit toute la
perfection dont elle brille dans les superbes monumens de l'Inde.

L'entrée du tombeau de ce prince, et le
tombeau lui-même, durèrent 22 années à bâtir.
Il est construit de grès rouge et de marbre,
quant au corps de l'édifice; mais les minarets,
qui s'élèvent au-dessus de sa masse, sont entièrement de marbre.

La tombe de son père Humaioun à Delhi,
date aussi du règne de cet empereur; elle est
fort célèbre pour sa grandeur et la beauté du
style de son architecture.

L'immense forteresse d'Agra, nommée Akbar-
ahabad, ainsi que le palais et la mosquée de
Futtipoor-Sieri, sont du même empereur.

Ces bâtimens semblent avoir fixé le style et
le goût de l'architecture mauresque dans l'Indostan; et les autres édifices modernes en paraissent une imitation plus ou moins rapprochée.
Quoique le Tadge-Méhal, bâti sous Cha-Gean,

petit-fils d'Akbar, soit plus parfait dans l'exécution des détails, il ne lui est pas supérieur pour
le goût du dessin ou pour l'originalité des masses.

Le tombeau de l'empereur Shere Shah à
Saseram, au royaume de Bahar, près de Patna,
capitale du pays, est un dôme qui n'a que
16 pieds de diamètre moins que Saint-Paul de
Londres ; l'empereur Shere Shah le fit bâtir,
et y fut enterré l'an 952 de l'Hégire, ou 1545 ;
il est situé au milieu d'un grand lac ou réservoir
dit *tanc*, dans le pays, et l'on y communi-
quait par un pont de pierre, aujourd'hui ruiné,
mais qui était d'une construction fort élégante.

Shere Shah, d'abord nommé Ferid, et qui
fut honoré du titre de Shere Kan, ou Kan des
Lions, à cause de sa valeur, était fils de Hassin,
de l'ancienne race des Patans ou Afgans, qui
vinrent de Gor, au nord-ouest de l'Indostan,
usurpa le trône du jeune Jellal Kan, et chassa
Mahmoud Lodi du Bengale, dont il fit entièrement la conquête.

On doit mentionner encore les grottes d'Am-
bola et de Canara, situées à 7 milles, et à
40 milles de Tamia *.

---

* C'est pour rendre ces idées sensibles par des rapprochemens, que M. Cassas s'occupe en ce moment des
moyens de joindre de nouveaux modèles d'architecture
indienne, arabe et persanne, à ceux qu'il a pu se procurer jusqu'à présent, que nous allons indiquer.

N.º 9.

Tombeau près de Seringapatam, capitale du royaume de Mysore et de la domination des Tipoo-Sultans.

Ce tombeau est remarquable par le nombre de ses assises, bâties en retraite dans une masse élevée, qui le fait participer à-la-fois des pyramides d'Egypte et des septizones des Romains, où ces étages étaient décorés de colonnades formant péristyle.

Dans ce tombeau on compte douze de ces étages : celui du bas est environné d'un mur qui lui sert d'enceinte, et qui s'élève environ aux deux tiers de sa hauteur, en formant autour une espèce de fossé. L'étage du haut sert de piédestal au sarcophage proprement dit, qui couronne tout l'édifice, et dont la forme est à-peu-près celle de l'urne d'Agrippa renversée. Ce piédestal semble le sommet d'une tour carrée, dans une proportion presque semblable à celle des tombeaux de Palmire, et qui serait engagée dans des gradins pour lui servir de contre-forts aux angles.

Le mur de cette tour s'aperçoit au moyen de la tranchée faite dans ces mêmes gradins sur toute la hauteur, et dans laquelle est pra-

tiquée la porte d'entrée en forme d'arc mauresque, et dix croisées en arcades plein cintre,
l'une au-dessus de l'autre, qui semblent destinées à éclairer, soit un escalier, soit des
chambres sépulcrales à chaque étage.

Cette tranchée longitudinale a environ le
neuvième de la base par le bas, et le cinquième
du dernier étage, qui est couronné d'une corniche, ainsi que le mur et les deux étages
du bas; tous les autres n'ont qu'un simple ar-
rondissement pour faciliter l'écoulement des
eaux. Le dernier étage n'a guère à son sommet
que le tiers de la base du mur d'enceinte.

On peut observer que les corniches et autres
moulures de ce monument ne sont que des
baguettes surperposées en forme de profil les
unes sur les autres, en nombre plus ou moins
grand.

Le tombeau est dans une forme très-analogue
à celle des pagodes de Deogur et de la grande
pagode de Tanjaor, qui peuvent donner une
idée de la plus ancienne architecture des Indoos et de celle du meilleur style.

Les pagodes de Deogur sont des premiers
bâtimens élevés par les Indoos; l'on en fit de
simples pyramides en entassant pierre sur pierre,
sans autre ouverture pour recevoir la lumière
qu'une petite porte de cinq pieds de hauteur.

Au centre est une chambre éclairée par une lampe, où se font toutes les cérémonies religieuses.

La fameuse pagode de Tanjaor n'est pas mieux construite que celle de Deogur, mais sa forme et ses ornemens sont mieux entendus.

L'imagination peut supposer aux tombeaux de ce genre toutes les richesses qu'il est facile d'y ajouter, soit en architecture, soit en sculpture; et on aura l'idée du plus grand luxe de ces peuples, appliqué à cette sorte de monumens, dont la forme pouvait néanmoins être toujours à-peu-près semblable.

N.º 10.

Autre Tombeau.

Ce tombeau a été exécuté en modèle sur un dessin communiqué par un voyageur, qui l'avait vu près des ruines d'Agra. Si l'on juge de la magnificence de celui de l'Empereur par celui-ci, on en prendra une bien grande idée, puisqu'il devait être de beaucoup plus riche et plus étendu que ceux des favorites, au centre desquels il était placé pour y dominer par sa masse et ses nombreux accessoires.

On sait que la ville d'Agra, capitale de la province de ce nom, et qui l'a été autrefois de tout l'Indostan, fut une ville superbe, et qui annonce encore par les ruines de ses palais ce qu'étaient les princes et les seigneurs qui l'habitaient. Son quartier le plus magnifique était sur les rives de la rivière Jumma qui la traverse.

Les magnifiques débris des fontaines et des bains en marbre de différentes couleurs, annoncent le plus grand luxe; ils formaient par leur assortiment des ornemens ou des fleurs parfaitement nuancées.

Le tombeau de Tadge-Méhal, érigé par l'empereur Cha-Gean à la mémoire de son épouse, fut appelé, par excellence, le Tijamel; il est en marbre blanc très-bien poli.

Ce tombeau participe encore du style égyptien, de celui des Perses et des Arabes, et se rapproche dans quelques détails de l'architecture grecque.

Deux tours carrées et un peu pyramidales, sont rapprochées comme dans le portique ou arc de triomphe égyptien n.º 4, et séparées par une immense rampe d'escalier qui conduit à un plateau, sur lequel était placé très-vraisemblablement un autel découvert pour y faire des sacrifices.

Si l'on suppose les 56 marches que l'on monte pour y arriver, avoir 6 pouces, cet autel se trouvait à 28 pieds d'élévation du sol, et n'arrivait cependant guère qu'à moitié de la hauteur du monument.

Ses tours sont couronnées d'un sarcophage de même forme que celui placé au sommet du tombeau précédemment décrit. Un soubassement carré reçoit la base des tours pyramidales, au-devant desquelles sont placés des tombeaux plus petits et de différentes formes, mais qui se rapprochent beaucoup de celles communément employées aujourd'hui par les Turcs.

Ce monument avait aussi son enceinte formée par un mur placé à une certaine distance du soubassement; et l'intervalle était planté d'arbres dont les formes contrastaient avec les masses sévères de cet édifice, qui, par le détail de ses moulures et le caractère de ses profils, ne peut avoir été exécuté qu'en marbre ou en pierre dure.

Peut-être les dentelures des deux piliers et les espèces de bossages qu'ils présentent, étaient-ils destinés à recevoir de la sculpture ou des attributs, ou peut-être aussi ce découpé n'est-il qu'une recherche dans la forme.

Les deux petits tabernacles que supportent ces piliers sont décorés d'autels et de pilastres du genre toscan, et avec un assez lourd couronnement; ils supportent eux-mêmes des sarcophages élevés sur des lions placés aux angles.

L'ensemble et le contraste de toutes ces formes, agréablement opposées les unes aux autres, tiennent beaucoup du genre mauresque, et donnent un grand intérêt à ce monument par les nouveautés qu'ils présentent en architecture.

N.° 11.

Ancienne Pagode très-remarquable, ou Temple découvert au Mexique.

Sa masse est une seule tour pyramidale carrée, avec un escalier saillant à une seule rampe droite en avant, et soutenu par un mur percé d'ouvertures très-élevées terminées en angles.

Au milieu de la hauteur de cette rampe est un palier avec une porte qui communique au massif, dans l'intérieur duquel est une chambre.

Au haut de l'escalier est une semblable porte, qui communique dans l'intérieur et rend à la plate-forme élevée, sur laquelle étaient l'autel et les statues, et où se faisaient, sans doute, les cérémonies devant la foule immense du peuple assemblé au pied de cette pyramide, qu'on peut évaluer à la hauteur de 150 pieds, et dont la base est encore élevée sur dix-sept marches.

Cette tour est couronnée d'un entablement

saillant, et l'escalier s'appuie sur un corps perpendiculaire montant de fond, qui s'élève au-dessus de la seconde rampe, et qui était divisé en deux pilastres à son sommet.

Deux statues colossales étaient placées à cette hauteur aux deux côtés de l'autel, et devaient produire un très-grand effet, ainsi qu'on en pourra juger par le modèle.

N.º 12.

Superbe Tombeau, dit de Rustan, taillé dans le roc, près des ruines que plusieurs voyageurs ont désignées comme celles de Persépolis.

Voyez la dissertation ci-après sur l'architecture persanne.

DE L'ARCHITECTURE PERSANNE.

LE genre d'architecture des anciens peuples habitans de la Perse, est peut-être encore plus difficile à retrouver ou à caractériser, que celui des Indiens. On sait qu'ils ne bâtissaient pas de temples, monumens que la solidité de leur construction et le respect religieux, transmettent plus sûrement et mieux conservés aux générations qui s'écoulent sur les débris des plus anciennes générations.

Les Perses adoraient le soleil; ils regardaient l'univers comme son temple, et les plus hautes montagnes comme les seuls autels où ils pouvaient lui offrir des sacrifices, parce qu'en montant sur leurs sommets élevés, ils apercevaient plus tôt et plus long-temps les rayons bienfaisans de cet astre, auquel ils adressaient leurs vœux et leur encens.

La fondation de l'empire des Perses, appelés d'abord *Elamites*, et dont les premiers rois, selon les auteurs persans, sont les *Pischdadiens*, ainsi que celle de Persépolis, date de l'an 3209 avant Jésus-Christ. *Diemschid*, qui bâtit cette ville, y fit son entrée et y établit son empire le jour même où le soleil passe dans la constellation du bélier [1]. On commença l'année par ce jour, et il devint l'époque d'une période qui renferme la connaissance de l'année solaire de 365 jours un quart.

Ce Diemschid [2] aurait été, selon M. Bailly, le chef d'une colonie sortie d'un peuple ancien et déjà très-instruit (Voyez ses lettres sur l'Atlantide). Les Perses avaient des mois de quinze jours ainsi que les Indiens; leur semaine était également de sept jours, nombre égal à celui des planètes; et cette même division du temps se retrouve chez les Indiens, les Chinois et les Egyptiens.

La connaissance de ces divisions, qui semble d'abord n'avoir aucun rapport avec l'architecture, n'est cependant point inutile à l'artiste et à l'amateur de cet art. Elle sert à lui faire comprendre, et souvent à lui expliquer la raison de certaines divisions de masses, de colonnes, ou de plafonds, d'emblêmes relatifs à l'astronomie, à l'agriculture, à l'histoire de ces peuples, et dont leurs édifices étaient ornés. Il serait donc impossible de bien voir et de juger l'architecture d'une nation, ou d'y prendre quel-

[1] Histoire de l'Astronomie anc. p. 354.
[2] Contemporain de Noë.

qu'intérêt, si l'on ne rappelait un abrégé de sa croyance religieuse, de son histoire et de ses usages.

L'ancien dieu des *Mages* de la Perse, dont les cérémonies superstitieuses prirent le nom de Magia, était désigné avec une tête d'épervier; ils l'adoraient en conservant un feu perpétuel pour les sacrifices sur un autel au milieu d'une place ronde environnée d'un fossé; il n'y avait aucun temple; on ne rendait aucun culte aux morts, aux images *.

Ils quittèrent ensuite le culte de ce dieu éternel et invisible, pour adorer le soleil, le feu, les morts et les images, comme avaient fait avant eux les Egyptiens, les Phéniciens et les Chaldéens.

Rien n'est moins démontré que les ruines d'un vaste édifice, qui se voient encore en Perse, à Tchilminar, dans une position où l'on croit reconnaître la situation de Persépolis, soient les débris de l'ancien palais des rois. Il faudrait une dissertation très-étendue pour éclaircir ce problème, où la géographie, l'histoire et la science de l'antiquaire en architecture, doivent coïncider pour donner des preuves certaines; et les bornes d'une simple notice descriptive

---

* Euseb. Comm. sur Zoroastre.

ne permettent pas d'entamer une semblable discussion. Mais pour faire apercevoir au-moins
toute l'étendue de la question, je présenterai
au lecteur un court extrait de ce que l'on trouve
sur cette matière dans le *Supplément aux re-*
cherches sur l'origine, l'esprit et les progrès
des Arts de la Grèce; sur les Monumens an-
tiques de l'Inde, de la Perse, etc., par d'Han-
carville, ouvrage rempli d'une immense érudition.

Je puiserai d'autant plus volontiers dans cette
source, qu'elle me rappelle à chaque instant les
qualités brillantes et aimables qui distinguent ce
savant littérateur, à qui l'on doit aussi l'explication des Vases d'Hamilton. Quelque part où
soit maintenant ce voyageur érudit, je le prie
de ne voir cet article du livret que comme un
souvenir de notre ancienne liaison, et de m'ex-
cuser si j'ose, par quelques notes, placer mon
opinion à côté de la sienne, et la contredire
même par des réflexions que je lui soumettrais,
s'il pouvait visiter aujourd'hui cette belle collection de modèles, dont personne au monde
mieux que lui ne sentirait l'avantage, et n'ap-
précierait tout le mérite.

EXTRAIT sur la Perse, du livre cité, Lond. 1785, 2 vol. in-4.°

TOUT ce qui reste maintenant de la magnificence si vantée des anciens Perses, consiste dans les ruines de *But Cané*, à seize lieues de celles de *Persépolis*, et dans les monumens de *Nak-Schi-Rustan*, situés à deux ou trois lieues de ces dernières. Celles-ci sont les plus considérables et les plus importantes de toutes à connaître, et leur connaissance donne toutes celles qu'on peut acquérir sur l'antiquité de ces peuples.

Le chevalier Chardin fit dessiner les ruines de *Tchilminar*, ou Persépolis, par deux artistes, et en deux temps différens : la dernière fois, en 1674.

Corneille Le Bruyn dessina ces mêmes ruines en 1704; enfin, elles le furent de nouveau par *Niébuhr*, dont le public connaît la scrupuleuse exactitude. Cet auteur assure que les critiques de Corneille Le Bruyn, sur les dessins publiés par Kempfer et par Chardin, ont pour objet de couvrir les fautes dont on peut accuser les siens, dont ces fautes, dit-il, rendent méconnaissables quelques parties *.

---

* Voyage en Arabie, par C. Niébuhr, t. II, p. 122.

Cependant Le Bruyn, entendant mieux le dessin, semble aussi avoir mieux conservé qu'aucun autre le caractère des figures et des objets dont il s'est occupé. Mais comme il n'avait aucune notion sur les antiquités et sur la religion des anciens Perses, il n'a pu les voir comme il eût fallu pour les bien représenter.

Il faut donc, pour bien juger des choses d'après ses dessins, corriger ses négligences et ses omissions, par les observations faites par Niébuhr et Chardin.

Après trois voyages successivement faits à Persépolis, dont il avait pour ainsi-dire examiné toutes les pierres, Chardin resta persuadé qu'il voyait par-tout, dans ces vastes ruines, les débris d'un temple immense, de construction entièrement différente de celle des Egyptiens, des Grecs et des Romains.

« La chose, dit-il, la plus incompréhensible, » c'est comment ces bâtimens, que nous avons » appelés des chambres, étaient couverts; car » on ne voit aucun reste dans toutes ces ruines, » soit de voûte, soit de toît, et l'on pourrait rai- » sonnablement douter s'il y en a jamais eu, » et si ces petits édifices, en nombre presqu'in- » fini, n'étaient pas découverts comme le chœur » du temple * ».

---

* Voyez Chardin, tome II, p. 161.

En examinant les choses comme elles sont, on a dû voir comme cet auteur; mais ceux qui ont voulu trouver dans ces ruines les restes du palais des rois de Perse, ont dû supposer et soutenir qu'il était couvert, sans quoi on n'eût pu l'habiter.

Diodore de Sicile nous a laissé quelques détails sur le palais de Persépolis, brûlé par *Alexandre-le-Grand*. Trois siècles avant celui où il écrivait, on pouvait alors avoir des connaissances très-précises sur la situation de cet édifice, sur sa forme, sur tout ce qui le distinguait de tous les autres; car ces détails existaient dans les livres écrits au temps d'Alexandre, par des gens qui purent voir Persépolis avant et après sa destruction.

Cet auteur nous dit, sans doute d'après ces autorités, *que le palais de Persépolis était entouré de trois enceintes :* les murs de la première avaient 16 *coudées* d'élévation, et ceux de la dernière, qui était carrée, en avaient 60 [1]. *Vers la partie orientale de cette enceinte était le Mont-Royal, distant de* 4 *pléthres, ou* 400 *pieds* [2].

Sur ce mont étaient les sépultures des rois.

---

[1] La coudée est évaluée 18 ou au plus 21 pouces.
[2] Diod. Sicil. Biblioth. liv. XVII, p. 215.

On voit encore à l'orient des ruines de Persépolis, sur la montagne appelée Rachmed, des monumens, que leur voisinage de ces ruines a fait prendre pour des tombeaux ; mais leur proximité même devait faire rejeter une telle idée ; car, loin d'en être distant de 400 pieds, comme le Mont-Royal l'était du palais des rois de Perse, le mont où se voient les prétendus tombeaux de ces princes, est attenant au mur même de l'ancien édifice ; quelques-unes de leurs parties, comme celle marquée *L* sur le plan de Niébuhr, n'en est pas même éloignée de 25 pas géométriques.

Comme on ne voit ici aucune trace des enceintes dont il est parlé dans Diodore, et qu'il dit expressément que le feu réduisit en cendres tout le palais *, il est assuré qu'il dût être dans une position différente de celle où se voient les ruines de Persépolis, et le mont *Rachmed* n'est assurément pas celui qu'on appelait le *Mont-Royal.*

Quant aux monumens taillés dans les rochers du mont *Rachmed*, leurs bas-reliefs représentent des symboles d'une religion différente de celle de tous les rois de Perse, successeurs de *Feridoun*; et la religion de ces rois

---

* *Idem.* p. 216.

défendant d'en ériger de semblables, il est certain qu'ils ne peuvent être les tombeaux d'aucun d'eux.

Les constructions dont nous voyons les ruines à *Persépolis*, sont de la plus extrême solidité : par-tout on y a mis en œuvre des blocs d'un marbre très-dur et d'une incroyable grandeur. Nulle part on n'employa plus de précautions pour assurer la durée d'un édifice ; et si l'on eût prétendu recouvrir ceux-ci, sans doute on eût préféré des voûtes [1] à toute autre espèce de toiture.

Cependant il n'existe aucune trace capable de faire soupçonner que ces bâtimens aient été couverts ; cette manière de construction est donc toute contraire à celle dont on s'était servi dans le palais de *Persépolis*.

Presque tout, dit *Quinte-Curce* [2], y était

---

[1] Ici l'Auteur de ces recherches n'a pas fait attention que l'art des voûtes ne devait pas être plus connu des Perses que des Égyptiens, et autres peuples contemporains ; car on n'en trouve aucun exemple dans l'architecture de ces temps.

[2] Liv. V, p. 98. Il écrivit son histoire, suivant Vossius, étant très-avancé en âge, au plus tard sous le règne de Vespasien, avant l'an 79 de notre ère, 409 ans après la destruction de Persépolis, arrivée l'an 331 avant J. C.

Notes de l'Auteur de la Notice.

en bois de cèdre; et dans le moment où l'on y mit le feu, l'incendie se répandit de toute part.

La ville même en fut consumée : si dans la suite il exista une autre ville du même nom, elle fut bâtie des débris de la première. Les matériaux de celle-ci furent tellement dispersés, *qu'environ* 4oo *ans après sa destruction,* les habitans du pays croyaient, plutôt qu'ils ne sa- » vaient, que l'ancienne Persépolis était située » à 2o stades de l'Arare; et sans la position de » ce fleuve on n'en eût pas même reconnu un » seul vestige (*Quinte-Curce*) ».

Les immenses ruines encore visibles ayant certainement existé au temps où Quinte-Curce écrivit ce qu'on vient de lire ici, les habitans de leur voisinage n'y reconnaissaient donc pas celles du palais ni de la ville de Persépolis, sans quoi ils n'eussent pas été embarrassés de les chercher; ils n'eussent eu aucune incertitude sur leur position.

Il faut donc que ces édifices, pris aujour-d'hui pour les ruines de Persépolis, en aient été au-moins à quelque distance : ils semblent avoir été dans un lieu solitaire, comme celui où *Stone-Henge* (en Angleterre, voyez plus bas) est placé, et comme ceux où étaient les bois sacrés dans lesquels on révérait les dieux avant qu'on n'élevât des temples en leur honneur.

Il ne se trouve, dans les ruines prétendues des anciens édifices de Persépolis, aucune pierre calcinée par le feu : aucun voyageur ne dit y avoir reconnu des marques d'incendie; il a même toujours été impossible de les brûler, car jamais on n'a pu mettre le feu à des bâtimens entièrement construits en marbre.

Chardin a donc grande raison de douter que jamais ces édifices aient été recouverts; et si, dans la partie marquée *G*, sur le plan ainsi que sur l'élévation de cette ville, Niébuhr a cru remarquer des traces où des gonds ont été attachés pour suspendre des portes et des fenêtres, c'est qu'autrefois les Arabes y établirent une mosquée *, dont l'enceinte, quoique découverte, était fermée par des portes comme celle qui se voit à Malthe.

L'entablement dont sont décorées les portes des édifices de Persépolis, règne non-seulement sur leurs ouvertures, mais encore sur leurs côtés extérieurs, comme cela peut se voir; ainsi, jamais ces portes n'ont été liées aux

---

* D'Herbelot, au mot *Estekhar*, p. 3o5.
Ces colonnes singulières ne sont-elles pas l'ouvrage des Arabes?

parties qui en sont voisines [1]; elles sont ordinairement isolées et détachées des murs où se trouvent des espèces de fenêtres : on entrait par tous les côtés comme par la baye de ces portes; ainsi elles formaient une espèce de portique singulier, ouvert de toutes parts [2], et sans autre abri contre la pluie et le soleil, que l'épaisseur de ces fabriques mêmes, qui est souvent de 6 à 7 pieds.

Les fenêtres semblent avoir été aussi inutiles que les portes également à jour de toutes parts; et si, dans quelques endroits, on a pratiqué des réduits de 6 à 7 pieds de grandeur, ce fut peut-être pour servir de retraite à ceux à qui était

---

[1] Cette preuve n'est pas sûre, parce qu'on sait que ces portes, tout-à-fait du genre égyptien, étaient plus élevées que les murs d'enceinte ou les autres parties de l'édifice, ainsi qu'on a pu le remarquer dans les modèles de l'architecture égyptienne.

[2] N'était-ce point plutôt lié par des constructions en bois ou de légères cloisons de marbre qui auraient pu être enlevées facilement? C'est ce dont il est permis de douter, jusqu'à ce qu'un architecte, versé dans la connaissance de l'antiquité, ait examiné scrupuleusement ces ruines, et en ait relevé des dessins géométriques très-fidèles. Des vues pittoresques ne peuvent suffire pour décider affirmativement une semblable question.

confiée la garde de ces lieux, où tout paraît contredire les usages employés ailleurs.

Ces anciens édifices sont du genre de celui dont les restes subsistent encore dans la Médie, où il passe pour être l'ouvrage de Kaous ou des géants 1. Ce dernier est formé de pierres énormes arrangées sur un plan circulaire (comme le sont celles de *Stone-Henge* 2 dans la province de Wiltshire en Angleterre), tous deux diffèrent moins par leur distribution, des édifices de Persépolis, qui sont sur un plan quadrilatère, qu'ils ne leur ressemblent, en ce que, comme eux, ils furent ouverts de toutes parts, et sans aucune espèce de couverture.

L'art employé dans les uns, la somptuosité de leurs marbres, la richesse de leurs sculptures, la variété de leurs inscriptions contrastant avec la rudesse et la simplicité de autres, annoncent l'ouvrage d'un temps moins ancien

---

1 Chardin, tome I, p. 3o5.

2 Les pierres levées sont des monumens celtiques ou druidesques, selon toute apparence, et d'un genre tout-à-fait différent des ruines de la Perse; car à *Stone-Henge* les pierres sont brutes, et n'ont jamais été taillées, au-lieu qu'en Perse elles sont travaillées avec art et élégance. (Voyez l'ouvrage récent de M. de Cambry sur les Antiquités celtiques).

que ceux où l'on éleva les monumens de *Stone-Henge* et de la Médie.

La majestueuse uniformité de ces dernières, tenant à la nuit des siècles, dans laquelle exista le berceau des arts, a, sous cet aspect, quelque chose de plus imposant que tout le luxe dont l'orgueil décora ces grands édifices.

Les bâtimens de Persépolis n'ayant pas été construits pour être habités [1], ne peuvent être le palais construit vers le temps de Cambyse [2], qu'Alexandre détruisit environ trois siècles après.

Cela suffirait seul pour les faire reconnaître pour des temples, si les ornemens qui s'y sont conservés n'attestaient encore mieux ce fait important.

De près de 1300 figures comptées dans ces ruines par Corneille Le Bruyn, il n'en est aucune qui ne soit relative à la religion et aux cérémonies d'un culte bien antérieur au temps de Cyrus, et au commencement de la monarchie dont il fut le fondateur.

A l'entrée des ruines de Persépolis, on rencontre d'abord deux figures colossales d'ani-

---

[1] C'est ce qu'il faudrait examiner, et ce qui ne paraît nullement vraisemblable.

[2] Diod. Sicil. Biblioth. liv. I, p. 55.

maux. Ces figures de marbre noir ont été rui-
nées à coups de marteaux.

Voyez, dans la suite de cette savante dissertation, toute l'explication de la sculpture de
ces ruines *.

Par ce récit, on voit que le palais royal de
Persépolis n'existait pas avant le temps où Cambyse conquit l'Egypte, 524 ans avant notre
ère, 194 avant sa destruction par les Macédo-
niens. Ce palais était à peine commencé quand
ce prince mourut, car il ne retourna jamais en
Perse. Il devait y manquer des artistes, puisqu'on fut obligé d'en transporter d'Egypte.

La religion de Zoroastre, suivie par les Perses
du temps de Cambyse, dont le successeur fut
un mage, ne permettant ni de construire des
temples, ni d'élever des statues, la Perse et la
Médie ne pouvaient avoir que des architectes
peu expérimentés, et devaient manquer de sculpteurs : ainsi l'on n'eût pu y construire les grands

---

* On dit qu'alors, c'est-à-dire, au temps où Cambyse dépouilla les temples de Thèbes en Egypte, les
Perses en transportèrent non-seulement un grand nombre d'ornemens, mais encore des artistes, au moyen
desquels ils construisirent les palais fameux de Persépolis, de Suse, et ceux de la Médie.

Note de l'Auteur des Recherches.

édifices ni les grands ouvrages de sculpture, dont les restes existent à Persépolis.

Si les uns ou les autres eussent été dirigés par des artistes égyptiens, on y reconnaîtrait le style et la manière de ces peuples ; cependant, rien n'est plus opposé à leurs pratiques [1].

Jamais ils n'élevèrent des colonnes isolées [2], comme le sont toutes celles de Persépolis ; jamais ils ne construisirent des temples à jour et sans couverts [3] ; par-tout ils firent des édifices couverts et sans fenêtres ; tout est couvert, tout est fenêtres dans ceux de Persépolis.

On n'y trouve pas un seul obélisque, une seule forme piramydale, toutes les sculptures y sont en relief, au-lieu d'être en creux à la manière égyptienne. On y voit le couronnement de quelques portes, qu'on peut comparer [4] à des membres semblables de l'architecture égyptienne.

---

[1] Cela n'est pas exact, car les portes sont tout-à-fait du style égyptien.

[2] Je crains bien qu'elles ne soient l'ouvrage des Arabes.

[3] Mais les murailles et les couvertures pouvaient être en bois, ce qui est très-probable, ainsi que nous l'avons dit précédemment.

[4] Elles sont tout-à-fait semblables.

Notes de l'Auteur de la Notice.

Enfin, ce qu'on a pris jusqu'à présent pour
des sphinx, est, comme on va le voir, toute
autre chose. Ces animaux sont debout au-lieu
d'être couchés comme les sphinx d'Egypte; on
en voit avec des ailes, que n'eurent jamais ces
sortes de compositions chez les Egyptiens.

Tout montre que ces ouvrages, bien antérieurs au siècle de Cambyse, sont d'un temps
après lequel les arts se perdirent en Perse, au
point qu'il fallut y faire passer des Egyptiens
pour y construire des palais.

Cette indigence d'artistes était une suite nécessaire de l'influence des dogmes de Zoroastre sur les arts de la partie de l'Asie où ils
furent admis.

On n'eut plus occasion d'y faire ni statues ni
temples publics : et si, dans la suite, les Perses
eurent des monnaies bien frappées, c'est que
les Lydiens et les Grecs perfectionnèrent celles
qu'eurent ces peuples à des époques bien an-
térieures au monnoyage de ces derniers.

Quand on parle du monnoyage, de la sculpture et de l'architecture des Perses, il faut
distinguer les temps les plus anciens de leur
première monarchie, des temps modernes, à
commencer depuis Cyrus; car alors ils furent
destitués des connaissances qu'ils eurent à des
siècles plus reculés.

C'est ainsi que l'Egypte et la Grèce sont aujourd'hui déchues de leurs anciennes connaissances, et que, pour y exécuter quelqu'ouvrage d'art important, il faudrait y appeler des artistes étrangers *.

---

* L'opinion de *Stieglits*, dans son 5.e chapitre de l'Histoire de l'Architecture, qui traite de celle des Perses, étant tout-à-fait opposée à celle qu'on vient de lire, on ne peut conclure de tout ceci, jusqu'à ce que de nouveaux dessins nous soient parvenus de ces ruines, rien autre chose, sinon qu'à en juger par ceux actuellement reconnus, elles participent du style égyptien et du style arabe du temps des Califes; il faut attendre de nouvelles découvertes de monumens analogues, pour affirmer ou nier avec certitude que ces monumens sont l'ouvrage des anciens Persans.

Un général Russe, amateur des beaux arts, qui avait fait récemment la guerre en Perse, m'a assuré qu'on y avait découvert des villes entières abandonnées, dont les ruines paraissaient de la plus haute antiquité, et qui annoncent une très-grande magnificence.

Le voyage de Perse reste donc encore à faire sous le rapport de l'architecture; et si quelque artiste français ne se hâte de l'entreprendre et de le publier avec des planches, nous serons devancés par les Anglais, qui recherchent avec empressement ces curieuses entreprises.

Celle-ci ne pourrait être mieux exécutée que par M. Cassas lui-même, si quelque souverain ou quelque société savante lui fournissait les moyens de faire ce voyage intéressant d'une manière convenable et sûre.

Note de l'Auteur de la Notice.

N.° 13.

Superbe tombeau, dit de Nakschi-Rustan, près
des ruines jusqu'à présent nommées l'ancien
palais de Persépolis.

Il est taillé dans le roc, ainsi que plusieurs
monumens de l'Egypte et de la Syrie, précédemment décrits, ou qui le seront plus bas. Ce
qu'on doit remarquer sur-tout dans ce tombeau, est la singulière composition du chapiteau des colonnes, où la partie antérieure des
deux animaux chimériques, assez semblables
à des bœufs, et caparaçonnés, est agenouillée
et semble porter l'entablement.

Cet ordre est cannelé et dans une proportion plus que corynthienne, ayant neuf diamètres de face, non compris une base de plus
d'un diamètre, et le chapiteau de plus d'un
et demi; ce qui fait pour la totalité, y compris
base et chapiteau, onze diamètres et demi et
plus : cependant il ne paraît point maigre, à
cause de la forte projection de ce chapiteau et
de la forme mâle de cette base, qui est une espèce de chapiteau égyptien renversé. Elle est
ornée de gaudrons et de larges canaux, tout-
à-fait circulaire et sans plinthe carrée au-dessous.

Les cannelures sont demi-circulaires, et séparées par un filet, comme celles de l'ordre ionique; il n'y a point d'astragale, mais seulement un filet carré en forme de tailloir, si l'on peut croire à la fidélité de Corneille Le Bruyn et de Chardin, qui en ont donné le dessin.

DE L'ARCHITECTURE CHINOISE.

L'ARCHITECTURE chinoise est si généralement connue, soit par un grand nombre de relations sur ce pays, soit par les peintures, les modèles et les ustensiles qui existent dans les cabinets des curieux, et dans les collections publiques de tous les peuples du monde, qu'il n'était pas d'une absolue nécessité de joindre des modèles de pagodes, de tombeaux et de kiosques chinois, à tous ceux qui composent la galerie de M. Cassas; et les amateurs se ressouviendront facilement du genre de cette architecture élégante, originale et variée dans ses couleurs, comme les oiseaux, les plantes et les insectes brillans de la Chine. Il suffira donc de rappeler ici, en peu de mots, ce que chacun a pu lire ou examiner, dans ses voyages, de relatif à ce peuple antique et nombreux.

J'ai cru pouvoir satisfaire à cette donnée par un court extrait de l'*Histoire générale de l'Architecture*, de laquelle je n'ai cessé de m'occuper, et où je puiserai cet article très-abrégé sur les monumens des Chinois.

L'antiquité des Chinois se perd, comme celle

des plus anciens peuples, dans la nuit des temps; mais elle a du-moins l'avantage d'être moins obscurcie de ces fables puériles, qui semblent n'avoir été inventées que pour reculer les points où l'histoire manque de preuves, que pour tromper la crédulité des lecteurs.

L'antiquité des Chinois, au contraire, est appuyée sur une suite non interrompue de règnes et d'observations astronomiques qui se prêtent un mutuel secours, et qui nous conduisent en remontant, et sans lacunes sensibles, à plus de 4000 ans, vers la même époque du commencement de l'empire des Egyptiens.

On croit même apercevoir entre ces deux peuples, une origine commune, une division de la même peuplade; et quoique plusieurs auteurs attribuent l'origine des Chinois à une colonie de Scythes et d'Indiens, il y a de tels rapports établis par la nature et par les usages entre les Egyptiens et les Chinois, que l'on est porté à croire qu'ils ont pu ne faire autrefois qu'une seule nation.

Sans approfondir cette question, que le temps seul et les recherches des savans peuvent éclaircir, peut-être, indiquons quelques-uns des rapprochemens qui se présentent dans les usages et dans les productions des arts anciens en Egypte et à la Chine.

1.º L'écriture hiéroglyphique; 2.º la division
à-peu-près la même par castes et par tribus;
5.º un attachement inviolable aux anciens usages; 4.º le respect extrême pour les pères, pour
les vieillards en général, et pour les rois; 5.º
l'amour des sciences, et sur-tout de l'astronomie, la division pareille du zodiaque en 12 et
24 ou 28; 6.º le peu d'inclination naturelle des
deux peuples pour la guerre et pour les conquêtes qui, en effet, s'accordent difficilement
avec l'amour des sciences et des arts, tranquilles
enfans de la paix; 7.º la croyance à la métempsycose, que l'on sait avoir été puisée par Pythagore en Egypte, et que l'on trouve aussi ré-
pandue en plusieurs endroits de la Chine; 8.º
la fête des *lampes* ou des lumières, qu'Héro-
dote nous apprend qu'on célébrait à Says, et
qui ressemble si fort à la fête des *lanternes* à la
Chine; 9.º leur penchant invincible à passer
pour les plus anciens peuples du monde, et
pour les inventeurs de leurs sciences et de leurs
arts; 10.º la défiance et même la répugnance
avec laquelle les uns et les autres ont toujours
reçu les étrangers, les difficultés qu'ils ont le
plus souvent apportées à un commerce franc et
ouvert; 11.º la constance à garder les métiers
et les professions de leurs pères; 12.º le respect
pour les morts; 15.º leurs temples antiques dans

des grottes souterraines; 14.º enfin, la conformité des traits que l'on peut apercevoir dans les
individus des deux nations, en comparant leurs
anciennes sculptures. On pourrait, avec un
examen plus suivi, en trouver beaucoup d'autres encore, et les arts nous en fourniront plus
d'une occasion.

Chambers, qui a publié en Angleterre un
ouvrage sur les édifices et les meubles des Chinois, en nous désabusant sur toutes les bizar-
reries faussement attribuées à ce peuple, remarque que toutes leurs productions ont du
moins le mérite de l'originalité; mais il est également frappé du rapport de leur architecture
avec celle des anciens. Il nous apprend que la
plus considérable des pagodes de *Quang-Ton*
occupe une grande étendue de terrain; qu'elle
renferme, outre les temples particuliers, des
idoles, des appartemens pour 200 bonzes, des
hôpitaux pour plusieurs animaux, un potager
spacieux et un cimetière. Il ajoute que les prêtres et les animaux y sont enterrés pêle-mêle,
et honorés également par des monumens et par
des épitaphes; ce qui est encore un rapport de
plus avec la coutume des Egyptiens, d'adorer
des animaux et de leur consacrer des monumens.

Quelque analogie, cependant, qu'il puisse
y avoir entre l'architecture chinoise et celle des

Egyptiens, et même des Grecs, qui ont conservé l'empreinte égyptienne dans plusieurs parties de cet art que leur génie semble avoir créé comme tout ce qu'ils ont pratiqué, on ne peut s'empêcher de reconnaître dans les formes de ces toîts courbes et pointus, dans la légèreté de leurs supports, dans la coupure et l'uniformité de leurs masses, que les tentes des Tartares ont été les premiers modèles que l'industrie et la patience des Chinois ont transmises à des matières durables, depuis leur civilisation et leur réunion dans des villes sous un gouvernement stable.

On trouve à la Chine, dans les monumens et dans les travaux publics, toutes les merveilles qu'une immense population industrieuse, amie des arts et du travail, constante dans ses goûts et opiniâtre dans ses habitudes que rien n'a fait changer depuis des siècles, peut offrir à l'étonnement du voyageur.

Ce sont des canaux immenses et par l'étendue et par la multiplicité; ils sont revêtus de pierres ou bordés par des quais, des ponts admirables pour la hardiesse et la légèreté, des écluses ingénieuses, des routes difficiles, où tous les obstacles de la nature sont vaincus, rochers percés, espaces suspendus au-dessus des abîmes, sol marécageux comblé, forêts ouvertes, tout a dû céder à cette unité d'efforts, qui, constamment dirigée par une volonté fixe vers le même but, l'utilité publique, ne pouvait manquer de triompher des élémens et des saisons.

On ne trouve point à-la-vérité chez les Chinois d'architectes ni d'ingénieurs plus célèbres et plus expérimentés que les nôtres, quoique parmi les livres de leurs philosophes, le treizième traite des mathématiques, le quatorzième de l'architecture et de la symétrie, le seizième de la fortification et des machines de guerre, etc. Leurs temples, malgré la richesse de leur extérieur, et certains rapports de disposition et d'ensemble avec les édifices sacrés des Egyptiens et des Grecs, manquent de cette noblesse que les formes sévères, données par ces peuples aux granites et aux marbres, ont su leur imprimer, et qu'on ne retrouve pas au même degré dans les colonnes basses et les masses grêles, que les Chinois écrasent encore par des doubles et triples toits, dont les vives couleurs ne peuvent effacer les défauts. Mais si nous l'emportons en Europe, et sur-tout en France, par l'art de la guerre *,

---

* Aucune de leurs villes ne pourrait soutenir un siége contre notre artillerie formidable ; tous leurs forts sont à-peu-près ronds et sans élévation, leurs murs n'ont point d'épaisseur, les embrasures sont inégales, et ne forment qu'un simple trou percé de manière qu'on ne peut diriger le canon que dans un seul point.

par la grace et le goût que nous mettons dans
nos monumens, n'aurions-nous pas à puiser
chez ces peuples un peu de cette constance,
uniforme à-la-vérité, mais qui met fin aux entreprises utiles ?

Cette fameuse muraille qui commence dans
le voisinage du fleuve Jaune, et s'étend jusqu'à
la mer de Kamtschatka, fut achevée en cinq
années : le tiers de la nation fut employé, dit-
on, à la construire. Il fallut pratiquer de larges
voûtes pour le cours des eaux, et ménager des
issues pour le passage des troupes. Un million
de soldats la gardaient dans les temps anciens.
En lui donnant 500 lieues de longueur, on y
comprend les espaces remplis par les montagnes et ceux où il n'y a qu'un fossé ; il n'y
a proprement que 100 lieues de murs, construits
partie en brique et partie en terre battue. La
partie inférieure est en pierre de taille, le sommet est recouvert d'un peu de terre et pavé de
larges pierres ; il y a de chaque côté un parapet
de trois pieds d'épaisseur ; ils sont flanqués par
intervalle d'un grand nombre de tours, suivant
l'ancienne méthode ; leur plus grande élévation
est de 30 pieds, et la moindre de 15 ; dans leur
largeur commune, ils peuvent contenir sept à
huit hommes de front, c'est-à-dire qu'ils ont
environ 12 à 15 pieds. Cette muraille subsiste
presque en entier après deux mille ans ; elle

traverse de vastes rivières où elle prend la forme de ponts, quelquefois à double étage, dont les voûtes sont très-grandes. Dans les endroits où la muraille s'élève avec le terrain, on a pratiqué au sommet de larges degrés, qui en rendent le passage facile, sûr et continu : c'est une très-belle voie militaire par où les armées, destinées à la garde des frontières, peuvent se transporter d'une extrémité de l'empire à l'autre, par le moyen de certains signaux transmis du haut des tours. On peut, dans un très-court espace de temps, communiquer l'alarme à travers tout l'empire; ainsi les Chinois nous ont devancés dans l'usage des télégraphes; et partout où la muraille atteint le sommet d'une hauteur, on a placé un fort pour surveiller les mouvemens de l'ennemi.

Cette muraille ayant perdu de son importance et de son utilité depuis que la Tartarie et la Chine ne forment plus qu'une seule nation, ce monument reste abandonné au ravage des saisons. Ainsi l'époque approche où ce chef-d'œuvre de l'activité humaine n'offrira plus que de vastes ruines.

Une grande partie est déjà la proie du temps, et beaucoup d'autres menacent de couvrir la plaine, pour la défense de laquelle cette muraille fut élevée dans les siècles antérieurs.

6

A la distance d'environ sept mille de la grande muraille, est un chemin pratiqué dans une haute montagne, qui est une nouvelle preuve du génie et de la persévérance des Chinois dans tout ce qu'ils entreprennent de relatif à l'utilité publique. Ce passage, de 30 pieds de largeur, est taillé dans le roc sur une profondeur de plus de 100 pieds, ce qui présente un aspect effrayant.

Ailleurs, ce sont des montagnes immenses de plus de 300 toises de hauteur, découpées de la manière la plus extraordinaire et la plus pittoresque, avec des cavernes et des grottes taillées à différentes hauteurs, des escaliers pour y monter, et des paliers ou des terrasses pour jouir de la vue.

Ces peuples ont l'art d'exécuter avec rapidité des illuminations à perte de vue dans ces pays montagneux; les sinuosités et l'éclat de ces lumières tantôt s'approchent du ciel par la cîme des monts, et tantôt semblent s'enfoncer au centre de la terre par leur réflexion dans les eaux des rivières et des lacs. Ce spectacle, ainsi prolongé pendant plusieurs milles, varié par des masses de flamme plus ou moins fortes, est un des tableaux les plus vastes et les plus extraordinaires que l'imagination puisse concevoir.

Ils pratiquent ainsi des tombeaux creusés en niche dans des rochers, à des hauteurs et dans des positions inaccessibles, et dont les portes se détachent en arcs ou en pyramides aidées de couleurs rouges, blanches, bleues, etc. Ces demeures élevées et hors de la portée des humains, semblent approcher les ames de la région céleste, et offrent une idée absolument opposée à celle de loger les dépouilles mortelles dans des catacombes fouillées dans les profondeurs de la terre. Les sépulcres des grands sont d'une structure magnifique; ils font faire dans une montagne, ou à la campagne, une grande maison toute voûtée, dans laquelle ils mettent la bière, et ils forment au-dessus une élévation de terre couverte de plantations; ils placent au-devant un grand autel de marbre blanc et poli, sur lequel s'élève un candélâbre élevé de marbre, de fer ou de cuivre, et de chaque côté un chandelier de même matière. On voit ensuite rangées de part et d'autre, en plusieurs files, quantité de figures de mandarins, de gentilshommes, de pages, d'eunuques, de lions, de chevaux, de chameaux, de tortues et d'autres animaux, tous de marbre blanc poli, et dont le mouvement et l'expression semblent naturels.

On rencontre fréquemment à la Chine des

arcs de triomphe, ou plutôt des portiques élevés, à un ou trois passages carrés, dont celui du milieu domine sur les deux autres, et qui sont décorés de drapeaux et de flammes de soie.

On y voit aussi une multiplicité de pagodes, dont la forme pyramidale, les couleurs variées, ainsi que les couronnemens, donnent l'idée de l'importance de la ville, du village, ou du chef puissant qui habite l'endroit qu'elles décorent. Les temples y portent assez communément le caractère qui convient au culte de chaque divinité.

Le temple du ciel, par exemple, est de forme circulaire, dont le faîte, couvert de tuiles bleues, est soutenu par une infinité de colonnes simples, enduites d'un vernis couleur d'azur. Il a plusieurs enceintes très-étendues : c'est dans la première que l'empereur procède quelquefois à la cérémonie du labourage.

Pékin a encore un autre superbe temple consacré au génie protecteur des murs de la ville ; ce qui rappelle les usages des Romains de mettre leurs villes et leurs monumens sous la protection de dieux et de génies conservateurs.

Le palais de l'Empereur occupe lui seul dans la vieille cité l'espace de deux milles en carré ; des milliers d'eunuques en font le service ; il offre un prodigieux amas de grands bâtimens, de vastes cours, de jardins magnifiques; une double enceinte l'environne de toutes parts; l'espace qui sépare ces deux enceintes est occupé par les maisons des officiers de la cour, celles des eunuques, et par différens tribunaux. Cet ensemble a quelque chose de majestueux et d'imposant.

Suivant la description et même le plan qu'en donne le père Magaillans, ces palais ou appartemens sont au nombre de vingt sur une ligne droite du sud au nord, vingt autres sont contenus dans l'enceinte intérieure du palais de l'empereur, huit autres palais et quatre temples sont situés entre les deux enceintes; plus, vingt-quatre autres palais à l'usage des mandarins, ainsi que plusieurs bâtimens, tels que maisons de plaisance, bibliothèques, magasins, offices, écuries, et autres dépendances.

La salle impériale est élevée dans la seconde cour sur une terrasse d'environ 15 pieds de haut, revêtue de marbre blanc et ornée d'appuis évidés, artistement travaillés. C'est devant cette salle que se rangent tous les mandarins à certains jours de cérémonie: elle est presque carrée, a environ 130 pieds de longueur; ses lambris sont sculptés, vernis en verd, et chargés de dragons dorés qui sont les armes de l'empereur.

Les colonnes qui soutiennent le faîte en dedans, ont environ deux pieds et demi de dia-

mètre en bas, et sont en bois enduit d'une espèce de mastic revêtu de vernis rouge; le pavé
est en partie couvert de tapis en façon de turquie,
d'une assez médiocre exécution; les murailles
sont sans ornemens, sans tapisseries, sans lus-
tres, sans peintures historiées.

Le trône, qui est au milieu de la salle, consiste en une estrade assez élevée, fort propre,
et sans autre inscription que le caractère *ching*,
dont la signification dans notre langue répond
aux mots *excellence*, *perfection*, *sagesse*.

Sur la plate-forme, en face de cette salle,
sont de grands vases de bronze, dans lesquels
on brûle des parfums lors des cérémonies.

Les couleurs, les vernis, les émaux, donnent
un éclat singulier et une originalité piquante
à cette architecture. Les tuiles et les briques sont
également vernissées, ou émaillées de différentes couleurs : les dominantes sont le gris, le
jaune, le noir et le bleu, avec des ornemens en
or; tantôt ces couleurs sont uniformes, tantôt
elles sont rompues et nuancées.

Les vitres sont remplacées par des gazes de
soie; plusieurs tentures et fermetures sont de
nattes de joncs d'une grande finesse, coloriées
et luisantes par leur poli; des lanternes en grand
nombre, de différentes formes, de volumes différens, y sont fréquemment employées, soit

comme utilité, soit comme simple décoration.

Il y a des maisons toutes grises, d'autres rouges avec des filets blancs, d'autres noires avec des ornemens en or.

Les boutiques y sont rangées avec beaucoup d'éclat et de soin, et avec une recherche parfaite; des enseignes sont flottantes à l'extrémité de très-grandes perches scellées perpendiculairement devant la maison; le nom, le numéro et le détail des marchandises, sont inscrits sur la lanterne qui éclaire pendant la nuit.

Du reste, les cabanes ordinaires des paysans, les trains de bois, les moulins à eau, ont beaucoup de rapport avec les nôtres. Il en est de même des ponts; les ponts de chaînes n'y sont pas usités, comme on l'a répété souvent.

Les rochers artificiels et les ruines sont très-en usage dans les jardins, qui paraissent fort découpés.

L'ambassade du lord Macartney, où nous avons puisé la plupart de ces détails, a fait plusieurs milles sur une levée naturelle d'une terre rouge et rayée par couches parallèles fort régulières. On navigue sur les rivières avec des jonques ou bateaux de bamboucs, qui paraissent assez fragiles.

Il paraît qu'excepté les pagodes et les palais des mandarins, il y a peu de monumens publics qui marquent éminemment dans les vues des villes de la Chine. En effet, un grand nombre peuvent être supprimés par la forme du gouvernement et par les mesures de police : point de pauvres, point d'hôpitaux, point de magasins publics, chaque particulier commerçant pouvant s'approvisionner de lui-même en détail. Il en est de même des autres établissemens qui se trouvent répartis en un grand nombre de petites fabriques, tels que de petits cantonnemens très-multipliés, au-lieu de grandes casernes pour loger la milice.

Le caractère de cette architecture annonce, en général, plutôt la légèreté qu'une très-grande solidité. Les couleurs et les vernis, dont les maisons les plus ordinaires sont revêtues en dehors, lui donnent un air de fraîcheur et de propreté qui plaît à l'œil. Les palais des riches et des mandarins sont peints et dorés; ce qui, vu leur multiplicité, donne à la Chine un air de pompe et de richesse, que l'on chercherait vainement ailleurs.

DE L'ARCHITECTURE GRECQUE.

On a vu dans les modèles précédens, que les masses gigantesques, la sévérité des formes, l'emploi d'emblêmes mystérieux, faisaient le caractère principal de l'architecture égyptienne ; que l'architecture indienne se faisait remarquer par tout ce que le temps, la patience et les difficultés vaincues pouvaient offrir d'étonnant et de merveilleux; qu'il en était à-peu-près de même de celle des Chinois; et que celle des Persans, que l'on suppose tenir des deux précédentes, n'était pas encore assez parfaitement connue, pour que l'on pût assigner avec précision son véritable caractère.

L'architecture des Grecs, dont nous avons à nous occuper, est bien distincte de toutes les autres : ce qu'elle a pu leur emprunter est présenté avec tant de charmes dans des masses rajeunies, et avec des proportions si neuves et si harmonieuses, qu'elle semble avoir tout créé, tout imaginé, et qu'elle paraît plutôt avoir enrichi les autres nations de ses conceptions originales, qu'avoir puisé dans leur propre fond.

Tout est sentiment, esprit, imagination ; finesse, et cependant naïveté chez ce peuple

instituteur. Il embellit tout ce qu'il touche ; il
divinise les plus simples objets ; il présente à nos
sens émus, étonnés, des images au-dessus de
la perfection humaine ; il peuple l'Olympe ; il
crée des dieux dignes d'un tel séjour, ou plutôt
il les divinise ; et lorsqu'il entreprend de fixer
leur demeure sur le sol heureux de la Grèce,
il parvient à leur élever des temples, où l'on
retrouve la noblesse et la majesté des cieux.

Ce peuple de héros et d'artistes, ivre de gloire,
abusé par les fictions de la poésie, s'imposant
à lui-même et séduit par son propre ouvrage,
croit reconnaître l'inspiration et la main de ces
mêmes dieux dans les chefs-d'œuvre érigés par
ses mains.

C'est Apollon, c'est Hercule, c'est Minerve
ou Jupiter eux-mêmes, qui président à l'érection
de leurs autels ; et lorsqu'ils sont placés dans
leurs temples augustes, ce n'est plus qu'en fré-
missant que le pontife ose monter les degrés
du sanctuaire. Le vulgaire interdit admire, se
tait, et ne reconnaît plus, dans cet ensemble
imposant et divin, les marbres que son ciseau
vient de tailler et de polir : l'ivoire et l'or, assem-
blés avec un art divin, ont changé de nature.

Phidias lui-même, étonné, saisi d'admiration, recule et se prosterne aux pieds de Jupiter ;
il n'ose plus achever son ouvrage.

Tels étaient les chefs-d'œuvre de Delphes, d'Ephèse, d'Elis et d'Athènes; tels brillaient le Parthenon au sommet de l'Acropolis, les propylées, les temples de Pandrose et d'Erechthée, l'Odéon, le temple de Thésée, dont les formes pures et simples, les détails ingénieux, parvenus jusqu'à nous, ont suffi pour reproduire des modèles exacts et sans aucune supposition de ce qu'ils furent dans leur première fraîcheur, en sortant des mains de l'artiste, et le jour où les magistrats en firent la dédicace et les consacrèrent aux dieux protecteurs de l'Attique.

MONUMENS D'ATHÈNES.

N.º 14.

Le Temple de Minerve, ou le Parthenon.

CE mot signifie le temple de la Vierge, surnommé aussi *Hecatompedon*, parce qu'il avait 100 pieds grecs de face; il était de marbre blanc, et situé au sommet du rocher élevé de l'Acropolis, ou de la ville haute, de la citadelle d'Athènes, et dominait ainsi sur les vastes plaines de l'Attique, couvertes des plus riches plantations d'oliviers; il servait en quelque sorte de fanal aux vaisseaux qui parcouraient les mers voisines, et voguaient sans cesse du Pyréc et de Munichie à toutes les îles de la Grèce, pour retourner de ces îles aux ports d'Athènes.

Son plan est à l'extérieur comme à l'intérieur un parallagramme rectangle *. L'ordre employé à sa décoration est l'ancien dorique, remarquable par ses proportions mâles et harmoniques, par son extrême simplicité, susceptible néanmoins de recevoir dans la sculpture de ses métopes le dernier degré de richesse, comme on peut s'en convaincre en détaillant les groupes de centaures et de lapithes combattant, qui composent chacun des bas-reliefs placés entre les triglyphes, dont la frise est ornée.

Cet ordre est légèrement cannelé. Les Grecs ne lui ont jamais donné de base ; ce qui, loin de nuire à sa beauté, ajoute à l'élégance de ses proportions. Ces bases sont habilement remplacées par les trois gradins élevés qui forment autour de ce temple une base unique et continue, et le détachent agréablement du sol où il repose.

Ce monument, dont une très-grande partie est encore debout, fut rebâti avec tant de magnificence sur les dessins d'Ictinus et de Cal-

---

* Voyez sa description et tous ses détails gravés dans la galerie antique, publiée par Treuttel et Wurtz.

licrates, architectes, et sous la direction générale de Phidias, à qui Périclès, son ami, avait confié la sur-intendance des monumens qu'il faisait ériger pour embellir Athènes. On peut donc placer l'époque de sa construction vers la 84.ᵉ olympiade, ou 444 ans avant notre ère ; il a 2250 ans environ d'ancienneté.

Il était encore très-entier en 1687, lorsqu'une bombe, lancée par les Vénitiens qui assiégeaient la citadelle d'Athènes, tomba sur ce monument, dont on avait fait un magasin à poudre, et en détruisit une grande partie.

N.° 15.

Les Propylées, ou vestibules de la citadelle d'Athènes.

C'est encore à Périclès que l'on doit l'érection de ce monument superbe et d'un si grand effet. Mnésiclès en fut l'architecte. Le même ordre dorique grec, cannelé et sans base, est employé à sa décoration. On y montait par un grand nombre de marches ; deux piédestaux, surmontés de statues équestres, se présentaient d'abord. On a su, par une inscription gravée sur le dé de l'un de ces piédestaux, que la statue qu'il supportait devait être celle d'Agrippa, et l'autre probablement celle d'Auguste ; ainsi elles auront été placées à cette époque, soit comme addition au monument, soit en remplacement d'autres statues, qui peut-être y existaient avant: c'est ce que l'on ignore. Le petit temple à droite, après avoir passé ces piédestaux, était celui de la *Victoire sans aîles*, ou fixée parmi les Athéniens.

Celui qui est en face renfermait de précieuses peintures de Polygnote; et tout près de celui-ci, un peu en avant, était le temple de l'héroïne Aglaure, où les jeunes Athéniens allaient, en recevant leurs armes, jurer de mourir pour la défense de leur patrie.

Tous ces édifices étaient bâtis du plus beau marbre blanc; le plafond des propylées, surtout, était remarquable par ses belles divisions et par la grandeur des blocs employés à sa construction, qui faisaient l'office de poutres; ils avaient depuis 10 jusqu'à 16, et même 22 pieds de long sur une grosseur proportionnée *.

---

* Voyez, pour tous ces détails, l'ouvrage de Stuart, celui de David Leroy, et la galerie antique déja citée, où tous les monumens d'Athènes sont décrits et analysés sous le rapport de l'art et sous celui de l'histoire.

N.° 16.

Le Temple de Minerve-Polias, d'Erechthée, et de la Vierge Pandrose, réunis dans la citadelle d'Athènes

Jusqu'à présent l'on n'a vu que l'ordre dorique employé dans les monumens d'Athènes. Ce modèle de trois temples différens, contigus et réunis sur un sol d'inégale hauteur, nous fournit les plus beaux exemples de l'ordre ionique des Grecs dans toute sa grace naïve, dans toute son élégance, et porté même au plus haut degré de richesse dans les ordres qui décorent les différentes façades et forment les portiques de ces temples. On peut regarder ces chapiteaux et la délicatesse des proportions de ces différens ordres, comme des chefs-d'œuvre de grace et d'harmonie; les ornemens en sont du meilleur goût et d'une exécution admirable; on y avait poussé la recherche jusqu'à incruster en pierres de couleurs les entrelas qui font partie de ces ornemens taillés dans le marbre.

N.° 17.

Le péristyle, formé de six figures drapées, dites Canephores ou Cariatides, est un monument original et des plus curieux : le style de ces figures est noble et majestueux ; leur exécution en marbre est large et savante, et la corniche qui les couronne est remarquable par son grand caractère, où la fermeté s'allie à l'élégance : rien n'est plus agréable et plus soigné que la division des caissons qui décorent le sophite du plafond de ce péristyle *.

N.° 18.

De la Tour des Vents à Athènes.

Ce singulier monument est du petit nombre de ceux que Vitruve a cités dans son ouvrage, et qui subsistent encore. Toute la partie supérieure est bien conservée, et les bas-reliefs où les huit vents principaux sont personnifiés et

---

* On a l'espoir de le voir bientôt reproduit dans toute sa pureté à la villa Choiseul, dont les magnifiques jardins s'étendent depuis les Champs-Élizées jusqu'à l'ancienne barrière de Chaillot (autrefois le jardin Marbeuf). M. de Choiseul-Gouffier, aujourd'hui propriétaire de cette maison, ayant fait mouler ces belles statues à Athènes, les fait exécuter de la même grandeur, pour former l'entrée de ce pavillon, où il réunira tous les modèles et les fragmens précieux recueillis par ses soins et par ceux de beaucoup d'artistes, particulièrement MM. Cassas, Fauvel, Foucherot, etc.

distingués par divers attributs, sans être d'une exécution très-finie, sont du plus grand caractère.

Il paraît que ce charmant édifice servait à-la-fois d'horloge publique par quelque clepsydre ou autre mécanique, pour marquer les heures pendant la nuit, comme les cadrans solaires, tracés sur chacun de ses huit pans, les indiquaient pendant le jour.

Le Triton de bronze, qui servait de girouette au sommet de la couverture, indiquait également pendant le jour, avec sa baguette, le vent qui soufflait; mais, comme pour un peuple navigateur il était également intéressant d'en être averti la nuit, on suppose que les petites ouvertures pratiquées dans la frise, et qui s'agrandissent en s'évasant dans l'intérieur, rendaient aussi, lorsque le vent y entrait, des sons variés, ou mettaient en mouvement quelque timbre par le moyen duquel on était averti du vent qui soufflait.

Nous connaissons par Vitruve (liv. I, chap. 6), le nom d'*Andronicus Cyrrhestes*, qui bâtit la tour des vents; mais il ne nous donne point l'époque de l'érection de ce monument; on peut conjecturer, par les détails de l'édifice et par le degré de connaissance en astronomie et en gnomonique, qu'il fait supposer qu'il ne dût être érigé qu'après le siècle de Périclès.

N.º 19.

Monument de Thrasillus, taillé en grande partie dans le rocher de l'Acropolis, au-dessous du Parthenon.

C E T édifice fut érigé peu après la mort d'Alexandre-le-Grand, par Thrasillus, qui le consacra, ainsi qu'une inscription nous l'apprend, après avoir remporté le prix avec la tribu hippothoontide. L'archonte Neœchmus présidait les jeux. Il est aussi fait mention du didascale qui instruisait le cœur, et même du musicien qui réglait, au son de sa flûte, la déclamation, tant les Grecs attachaient d'importance à ces exercices. Les deux colonnes isolées qui s'aperçoivent au-dessus, et sur un plan reculé, présentent cette singularité que leur chapiteau est triangulaire; ce qui doit naturellement faire supposer qu'ils recevaient des trépieds, prix ordinaires pour ces sortes de concours. Cette observation délicate, qui avait échappé à M. Cassas lors de son voyage dans Athènes, lui a été communiquée en France, par lord Elgin. Cet amateur des arts est aujourd'hui possesseur de la figure antique qui formait le couronnement de l'attique de ce monument; il joint une grande simplicité de forme

à beaucoup de finesse de détails; ceux de l'entablement sur-tout sont très-neufs et très-agréables.

Il pourrait s'appliquer très - heureusement
dans un jardin, où son intérieur présenterait
un abri commode, même un salon de musique;
et sa décoration naïve, d'une exécution facile
et peu dispendieuse, pourrait former un point
de vue intéressant, en adossant sa jolie masse
à quelque colline couronnée de verdure.

C'est ainsi que plusieurs de ces édifices grecs
pourraient trouver parmi nous une nouvelle
existence, et donner la réputation justement
méritée d'homme de goût, au propriétaire, ami
des arts, qui se plairait à ériger dans ses jardins
d'aussi nobles fabriques, au-lieu de les peu-
pler toujours de ces chaumières maniérées, et
souvent de très-mauvais goût, qui ne sont que
bizarres, et ne méritent nullement le nom de
pittoresques, dont les décorent gratuitement de
très-faibles connaisseurs en peinture.

N.º 20.

*Petit Temple aujourd'hui détruit, autrefois
élevé sur les bords de l'Ilissus, près d'Athènes.*

CHEF-D'OEUVRE de grâce et de simplicité.
Ce joli petit édifice est une des plus élégantes
productions de l'architecture en Grèce; l'ordre

ionique, employé à sa décoration, moins riche que celui du temple de Minerve-Polias, est d'une proportion mâle, qui s'accorde admirablement avec les parties lisses de la Cella, ou corps du temple : on croit que sa frise était enrichie d'un bas-relief; du-moins Stuart le suppose ainsi dans son voyage, parce qu'il a trouvé à peu de distance un fragment de sculpture qui répond à la hauteur de cette frise.

On ne connaît ni la date à laquelle cet édifice fut érigé, ni à quelle divinité il fut consacré, et tous les voyageurs qui l'ont décrit ont émis une opinion différente.

Spon le suppose, sans aucune preuve, dédié à Cérès Agrotera; Stuart pense qu'il fut bâti en l'honneur du héros Athénien Panops; et M. Leroy a cru reconnaître de loin dans ses ruines la position du temple de Diane Agrotère, dont Pausanias fait mention dans son premier livre, chapitre 19. Quelle qu'ait été sa destination, la divinité qu'on y révérait put avoir ailleurs des temples plus spacieux, mais aucun ne dut être d'une forme plus simple, plus agréable et plus finement exécuté. Il était du genre de ceux que Vitruve nomme *amphiprostyle* ou à double portique. Quelques membres de son entablement étaient enrichis d'ornemens peints sur le marbre avec beaucoup de délicatesse.

N.° 21.

Odéon dont on voit les ruines près de Cæsarée, dans la Palestine.

Lons du voyage de M. Cassas dans cette contrée, les Turcs employaient les matériaux de ce petit édifice pour bâtir une jolie mosquée et des bains, que Czar Pacha faisait ériger à Saint-Jean d'Acre.

Le vice-consul anglais de cette ville, qui en avait relevé les dessins avant la mutilation totale de ce monument, les communiqua à M. Cassas; il reconnut, par plusieurs de ses détails encore existans, qu'il était d'une médiocre exécution; mais la pensée, comme composition d'architecture, est grande et peu commune, et la proportion générale de la masse, ne sont point dépourvus d'intérêt. Son architecture intérieure se rapproche du genre de décoration employée aux monumens de Baalbeck et de Palmyre.

Cette fabrique est encore du nombre de celles qui conviendraient parfaitement dans un jardin, comme temple ou comme une très-agréable salle de concert.

N.º 22.

Deux Tombeaux ou sarcophages grecs, qui se voient près de Telmissus dans l'Asie mineure.

La simplicité de la forme fait leur principal mérite. Ces tombeaux semblent n'être qu'ébauchés, et préparés pour recevoir divers ornemens de sculpture dont il était d'usage de les enrichir.

N.º 23.

Grand Théâtre dont on voit encore les ruines entre Cysique et Lampsaque, près des bords de l'Hellespont.

La disposition générale de ce théâtre, qui a d'ailleurs beaucoup de rapport avec celui d'Herculanum, et celui de Taormina en Sicile, est de la plus grande magnificence. Quant à la décoration des ordres, elle est toscane ou étrusque, dans le genre de l'*amphitheatrum castrensem*. L'architecte qui l'a conçue a voulu que les spectateurs pussent jouir encore de l'aspect imposant des beautés du site et du fond pittoresque des montagnes environnantes.

Il a profité, comme le faisaient presque toujours les anciens pour ces sortes d'édifices, du lit du rocher pour asseoir les gradins de son théâtre ; et l'inégalité du sol à l'endroit du *proscenium* lui a fourni les moyens de pratiquer au-dessous des galeries souterraines que l'on appliquait à divers usages, et où l'on pouvait se réfugier en temps de pluie, dans le cas où celles qui environnent les gradins ne se seraient pas trouvées suffisantes. Une colonnade en péristyle couronne les derniers rangs de gradins au-dessus d'une galerie découverte où étaient aussi trois rangs de siéges, qui semblent destinés à des spectateurs d'un rang plus distingué *.

La distribution des gradins et de leurs vomitoires est faite dans ce monument avec beaucoup d'art et de soin pour la commodité publique ; trois arcades donnent entrée à la *platea*, et sept arcades avec autant d'escaliers desservent les gradins. La scène est découverte de

---

* A Éphèse, au grand théâtre, les gradins étaient continués sur le rampant de la montagne jusqu'au sommet, dans la partie du milieu seulement, moins étendue que le diamètre du théâtre : observation que M. Cassas a faite sur les lieux ; et cette intelligence avec laquelle les architectes anciens tiraient parti de l'inégalité du sol, produisait souvent le plus noble effet et procurait de grands avantages. Le même moyen a été employé pour un cirque, au même lieu et à peu de distance de ce théâtre.

manière à ce que les spectateurs puissent jouir
du jeu des acteurs à toutes les places. Elle est
terminée latéralement à droite et à gauche,
par deux grandes masses élancées et solides,
ornées de niches, et qui forment comme deux
piédestaux, pour appuyer la portion circulaire.

Enfin, une colonnade à double rang et à jour
dans son milieu, décore le fond de la scène,
et y formait une décoration permanente à travers de laquelle on pouvait néanmoins décou-
vrir la campagne ou les décorations mobiles
qu'exigeait la représentation des différentes
pièces.

La variété et l'opposition de ces différentes
masses, l'affluence des spectateurs dans un lieu
si heureusement disposé, et d'où l'on jouissait
d'un des plus beaux aspects de la nature, tout
se réunissait dans cette enceinte pour offrir aux
yeux le plus beau spectacle que l'architecture
et les arts puissent procurer à ceux qui savent
en jouir.

Quant à la décoration extérieure du théâtre, elle se réduisait à un double rang d'arcades,
séparées par un ordre pilastre d'ordonnance
toscane ; et l'on y distingue aussi dans la partie la plus élancée, des modillons percés, destinés à recevoir les mâts qui attachaient les
grandes voiles mobiles, au moyen desquelles

on couvrait les gradins pour abriter du soleil lorsque le spectacle devait durer tout le jour; car il est bon d'observer que, lorsque le local le permettait, on choisissait une position telle, que le soleil couchant se trouvât au derrière du théâtre, et que la projection même de son ombre abritât la scène où représentaient les acteurs.

On peut assurer, au surplus, que ce théâtre, qui n'avait que vingt rangs de gradins, en comptant les trois de la galerie découverte, est un des plus agréables et des mieux distribués de l'antiquité; et il doit nous paraître tel, sur-tout, parce qu'il n'y aurait que très-peu de changemens à y faire pour l'appliquer à nos usages et nous procurer l'avantage d'une disposition magnifique, sans nous obliger au sacrifice des jouissances de convention et d'étiquette auxquelles nous sommes accoutumés.

Ce modèle est exécuté d'après des dessins géométraux, anciennement relevés par les artistes qui accompagnaient M. de Nointel, lors de son ambassade à Constantinople, et qui ont été communiqués à M. Cassas; il en a fait choix de préférence à beaucoup d'autres théâtres antiques, parce qu'il est d'une heureuse disposition, et qu'il est aussi moins connu.

N.° 24.

Le grand Temple de Pæstum *ou* Posidonia *dans la grande Grèce, à vingt-deux lieues de Naples.*

C'EST le plus grand des trois édifices de même genre qui subsistent encore dans le golfe de Salerne, et que tous les voyageurs s'empressent d'aller visiter lorsqu'ils sont à Naples, pour avoir une idée de l'architecture grecque. Il y a, en effet, un très-grand rapport entre cet ordre et l'ordre dorique employé dans les monumens d'Athènes. Quoique les temples de Pæstum soient d'une proportion moins élégante et moins pure, ce qui les fait supposer plus anciens; ils n'en portent pas moins un très-grand caractère. On croit qu'une colonie de Sybarites s'est emparée de Posidonia, et peut y avoir érigé ces grands monumens; dans cette supposition, on s'attendrait à y trouver plus de délicatesse et l'emploi des ordres dorique ou corynthien.

L'exécution de ce modèle en liége, imite parfaitement l'état de ruine et de vétusté où se trouve cet édifice, qui présente aujourd'hui une infinité de points de vue et de riches tons de couleurs aux pinceaux des artistes. Aussi ces ruines et celles de Tivoli sont-elles les plus connues et les plus souvent dessinées de toute l'Italie.

N.º 25.

Tombeau bien conservé à Milasa dans la Carie, exécuté en marbre blanc.

Il est assez bien exécuté, mais dans des proportions singulières; les profils présentent quelques formes bizarres, et paraissent avoir été destinés à recevoir de la sculpture qui n'a jamais eu son exécution; les compartimens du plafond, d'une assez agréable distribution, doivent leur direction et leurs divers renfoncemens à la position ou à l'appareil des blocs dont il est formé.

Le couronnement n'a plus sa corniche ni le revêtissement dont il était orné; mais cette corniche a été retrouvée; elle est gravée dans le second volume des Antiquités d'Ionie, publiées à Londres. La forme singulière des colonnes et le petit piédroit qui sépare les deux hémicycles, semblent annoncer que cet étage était fermé par quelque cloison à jour, soit de bronze, soit de marbre, ou du-moins disposé à recevoir un jour cette espèce de fermeture en panneaux évidés, nommés *claustra*.

Un tel monument, en changeant de destination, formerait parmi nous un agréable *belvédère*, s'il était placé à l'angle de quelque vaste

domaine et sur une grande route; en pratiquant,
soit extérieurement, soit à l'intérieur, un petit
escalier pour arriver au premier étage, le rez-
de-chaussée alors servirait de serre ou d'anti-
chambre, et le salon ouvert de toutes parts,
mais vitré, serait au premier étage.

N.° 26.

*Tombeau de Mausole, roi de Carie, érigé par
sa veuve Artémise dans la ville d'Halicarnasse, et mis au rang de l'une des sept
merveilles du monde.*

Ce n'est que par la description de Pline que
l'on a pu se faire une idée de ce monument,
puisqu'il ne reste rien de ses ruines.

Plusieurs savans antiquaires se sont exercés à
le reproduire dans des mémoires et d'autres
ouvrages; on peut citer, entr'autres, MM. de
Caylus et Choiseul-Gouffier. Ce dernier a vainement cherché près d'Halicarnasse quelque
fragment de ce curieux monument, tous ont
disparu; et la description très-détaillée qu'en
avait faite Philon de Bysance est malheureuse-
ment perdue. Scopas, Briaxis, Timothée, Léo-
chares, statuaires célèbres, avaient chacun
orné une des façades des productions de leur

ciseau, et Pithis avait fait le quadrige en marbre placé au sommet de la pyramide.

La hauteur totale était de cent pieds, ce qui ne donne point une proportion colossale; mais l'harmonie, l'accord, la sagesse de la composition dispensaient de l'emploi des formes plus exagérées. C'est à-la-fois une pyramide à laquelle on a su donner toute l'élégance des temples, et une sorte de temple grec, qui a toute la gravité et la sagesse d'une pyramide.

N.º 27.

Sarcophage qui se voit près d'Halicarnasse, aujourd'hui Bodron.

Il est de style grec et de la plus élégante proportion. Il y en avait deux semblables élevés sur un plateau commun; ils renfermaient sans doute les cendres de deux amis ou de deux époux.

N.º 28.

Temple circulaire formé par des Cariatides.

On voit les débris de ce monument extraordinaire à environ un demi-quart de lieue de la position antique du temple de Diane, à Éphèse, en allant du côté de la mer.

M. Cassas en a reconnu le soubassement sur le local, et deux des figures renversées, cachées dans les herbes et les arbustes dont le sol est recouvert. Le dessin de l'ensemble tel qu'il existait dans son entier, et qu'il est représenté dans le modèle, lui a été communiqué par un négociant de Smyrne.

On pourrait faire l'application de cette imposante décoration à quelque salle de concert, ou à quelque riche tribune dans l'une des pièces d'un vaste palais.

En donnant à chacune des figures les attributs d'une Muse, ou de l'une des Heures du jour, et plaçant au milieu le trône d'Apollon, on désignerait, par une allégorie facile à saisir, celui d'un prince ami des arts.

Le trône de la grande salle d'assemblée du Sénat conservateur à Paris, est décoré dans un genre à-peu-près semblable, et l'on est assuré du bon effet de cette disposition magnifique, autant pour la forme que par la richesse des matières.

N.º 29.

Trépieds antiques trouvés dans les fouilles d'Herculanum, au muséum de Portici, près de Naples.

Ces monumens sont fidèlement exécutés en

bronze, d'après les originaux, et de la même grandeur, qui est d'environ deux pieds et demi. On ne peut mettre sous les yeux des gens de goût des formes plus élégantes et plus délicates.

La légèreté, la grâce, la finesse et une exécution agréable, quoique d'un style sévère, caractérisent ces charmantes productions de l'art des Grecs; et l'on ne pouvait, dans un moment où l'on cherche à se rapprocher des pensées de l'antique pour l'ameublement des édifices, faire un meilleur choix de modèles, pour les associer à ceux des plus célèbres monumens de tous les âges.

N.º 30.

Deux autres Trépieds, dont l'auteur de la collection a trouvé la pensée dans l'antique.

L'UN est formé de trois figures de femmes aîlées, que l'on peut supposer être des Victoires.

L'autre, de Chimères aussi aîlées, terminées par un pied de biche; elles tiennent avec les deux bras élevés une couronne qui, faisant l'office d'anse, donnait la facilité de transporter le trépied dans les cérémonies.

MONUMENS DE PALMYRE.

L'ancienne Thadmora *dans les déserts de la Syrie.*

« Palmyra, dit le savant Danville dans sa
» Géographie ancienne, donnait le nom de
» Palmyrene à un vaste pays de plaines qui
» s'unit à l'Arabie déserte. Sa fondation est at-
» tribuée à Salomon par l'historien Josephe ; et
» le nom de Thadmora *, qui lui fut donné,
» est conservé dans celui de Tadmor, lequel
» est propre aux Syriens, et dont la signification
» semble avoir donné lieu au nom de Palmyre
» dans une situation intermédiaire de deux
» grands empires, et de même à l'égard de
» deux mers par lesquelles s'entretenait un
» grand commerce entre l'orient et l'occident.
» Cette ville était devenue très-considérable ;
» et on sait quelle fut la puissance d'Odenat et
» de *Zénobie* sous le règne de Gallien et d'Au-
» rélien, et combien les restes de ces édifices
» témoignent de magnificence entre les caban-
» nes qui y sont habitées par quelques Arabes ».

Les auteurs orientaux paraissent avoir toujours connu Palmyre sous le nom de *Tadmor.*

---

* *Thadmora* qui, en hébreu, signifie un palmier,
d'où elle fut ensuite appelée *Palmyre* par les Romains.

Elle était éloignée d'environ 20 lieues de l'Euphrate, et de 50 des côtes de la Méditerranée, où Tyr et Sidon florissaient. Située au pied d'une chaîne de montagnes qui la couvraient à l'occident, elle s'élevait par degrés au-dessus d'une plaine fertile, en tout temps arrosée par des ruisseaux, dont les sources, placées sur les hauteurs voisines, prenaient au gré du laboureur toutes sortes de directions, et devenaient plus abondantes en été qu'en hiver, sans doute par la fonte des neiges, dont la cîme des montagnes environnantes était couverte. Cet heureux canton, où la nature étalait ses richesses, et où les palmiers et les figuiers prodiguaient à l'envi leurs fruits et leur ombrage, était environné de tous côtés par de vastes déserts, où le voyageur, incertain de sa route, ne trouvait souvent qu'un sable aride et brûlé par les ardeurs du soleil.

A la faveur d'une pareille situation, la ville de Palmyre, séparée du reste du monde, ne prenait aucune part aux guerres qui, pendant plusieurs siècles, ravagèrent les contrées de l'Orient, et jetait en silence, par les ressources du commerce, les fondemens de sa grandeur future ; elle devint dans la suite un véritable port au milieu des sables.

C'était le rendez-vous des caravanes de la

Perse et de l'Inde, par le moyen desquelles les
dangers de la navigation engageaient un grand
nombre de négocians à trafiquer. Mais le commerce et l'industrie qui vivifient les états, ne
font pas autant de bruit que les exploits guerriers
qui les détruisent.

C'est pourquoi Palmyre, opulente et paisible,
fut long-temps ignorée. Jean d'Antioche parle
de sa destruction par Nabuchodonosor avant le
siége de Jérusalem; mais on ne lui voit jouer
aucun rôle, ni lors de l'expédition du jeune
Cyrus ou d'Alexandre-le-Grand, ni dans l'histoire des rois de Syrie, ni pendant les premières
conquêtes que les Romains firent dans ces pays
éloignés, ou par les armes du grand Pompée:
ce n'est que du temps de Marc − Antoine *
qu'il en est question la première fois dans l'histoire romaine; il voulut en faire le pillage, mais
les habitans s'en préservèrent, et transportant
leurs effets précieux au-delà de l'Euphrate, ils
en défendirent le passage avec leurs archers,
dont l'habileté était renommée; ils étaient alors
de riches négocians, et vendaient aux Romains
les marchandises de l'Inde et de l'Arabie. Environ quarante ans après, leur dépense et leur
luxe étaient excessifs. Le prétexte de Marc-

---

* Appian, de bell. civil. lib. V.

Antoine pour cette guerre, car il est d'usage d'en
citer un quel qu'il soit, était que cette ville,
beaucoup trop riche d'ailleurs, n'avait pas gardé
une exacte neutralité entre les Parthes et les
Romains, dont elle était alors frontière commune.

Place forte au milieu d'un désert, dont les
habitans seuls connaissaient les accès, elle put
long-temps conserver sa liberté, comme utile
aux deux puissances ennemies l'une de l'autre,
attentives à la mettre dans leurs intérêts, et devenir pendant la paix un des entrepôts de leur
commerce respectif; elle était pendant la guerre
l'objet de leurs craintes mutuelles. La description
de Pline (livre V, chap. 25), qui explique parfaitement cette position, est la seule que nous
ayons des anciens sur cette ville : mais ce que
nous en avons déjà rapporté suffit à notre objet;
et sans nous appesantir sur son histoire, c'est
de son architecture seule que nous devons ici
nous occuper.

On verra par ses nombreux monumens qu'elle
était de la plus grande magnificence ; qu'elle
participait également à celle des Grecs et à celle
des Romains, et que jamais ces deux peuples
réunis ne l'employèrent avec un si grand luxe,
et l'on peut même dire une égale profusion. Les
premières descriptions, et même les dessins que

les voyageurs modernes en ont rapportés, ont
tous été traités de fables et de rêves de l'imagination : tant de magnificence ne pouvait se
concevoir, et les voyageurs eux-mêmes, remplis d'étonnement et d'admiration, doutaient,
au milieu de ses ruines, s'ils veillaient ou si ce
n'était point un songe qui présentait tant de
merveilles à leurs yeux, éblouis par la blancheur
des marbres, par le nombre infini des colonnes,
par l'immensité des fragmens de sculpture épars,
et si bien conservés pour la plupart, qu'ils
semblent plutôt une ville toute taillée et prête
à ériger, qu'une ville détruite et renversée depuis plusieurs siècles. Telles sont les sensations
que M. Cassas a éprouvées pendant son séjour
à Palmyre, et qu'il a pu nous faire partager,
ainsi qu'à tous les amis des arts, en nous faisant
voir les nombreux dessins qu'il a recueillis dans
ce voyage, et les modèles exécutés depuis d'après
ces mêmes dessins, ainsi que l'ouvrage publié
par les anglais MM. Vood et Hawkins, qu'il a
vérifié sur place, et auquel il a fait un grand
nombre d'additions, en s'attachant plus particulièrement aux monumens qu'ils n'avaient point
aperçus, et dont ils n'avaient donné presque
aucun détail.

Que l'on me permette donc de rapporter ici la
description que m'a faite le voyageur Cassas de

son arrivée à Palmyre; elle est restée depuis gravée dans ma mémoire. La voici :

« Mes compagnons me devançaient; je les
» suivis des yeux, et j'entrevis les ruines de Pal-
» myre. Je restai long-temps saisi, et me crus
» transporté dans une région enchantée : j'y
» étais en effet. On me fit descendre de mon
» chameau pour contempler à mon aise le point
» de vue le plus extraordinaire, le plus poétique
» et le plus pittoresque à-la-fois que la nature
» puisse offrir à l'œil, à l'esprit et à l'imagination
» des hommes. Je désespérai de pouvoir jamais
» rendre l'effet du tableau qui me ravissait, et
» depuis que j'ai mis tous mes soins à le re-
» produire, par un grand nombre de dessins,
» je n'en suis que plus convaincu que l'art est
» impuissant où la nature est sublime.

» Les montagnes se séparent à droite et à
» gauche, et de ce point élevé sur la plaine,
» on découvre tout-à-coup ces superbes ruines,
» qui me parurent toutes de marbre blanc
» (elles sont en effet d'une pierre très-fine,
» qui reçoit le poli du marbre et qui approche
» de sa blancheur), restes innombrables de co-
» lonnades et de temples, dont plusieurs encore
» bien conservés; des palais, des arcs de triom-
» phes, et d'autres édifices magnifiques s'y font
» remarquer. Le grand temple du soleil domine

» majestueusement au milieu, et me semblait
» s'y élever comme nous venions de voir cet astre
» s'élancer des sommités de la terre. L'antiquité
» n'offre point de restes plus précieux; le terrain
» qu'occupent tant de débris en est sur-élevé.
» Dans l'espace de plus d'une lieue de circon-
» férence, on n'aperçoit que chapiteaux ren-
» versés, que fûts de colonnes, que monceaux
» d'entablemens, des chambranles richement
» ornés, et dont les moulures, délicatement
» taillées, semblent sortir de dessous le ciseau
» de l'artiste. Au-delà, quel contraste ! Un
» océan de sables brûlans qui, à l'horizon, pro-
» duisent l'effet et prennent la couleur de la
» mer; leurs couches mobiles imitent ses vagues
» impétueuses. Lorsque le vent brûlant du midi
» souffle sur ces vastes solitudes, il porte la
» mort par-tout où il s'étend; l'horizon qu'il
» embrâse est obscurci par les tourbillons de
» ces sables mouvans portés par ses courans.
» Ils couvrent toute l'Arabie; ils engloutissent
» des caravanes entières. Le terrible Notos a
» soufflé, elles ne sont plus: quelques squélettes
» desséchés attestent seulement qu'elles ont
» passé ».

Je ne pousserai pas plus loin cette description,
ni les observations générales sur l'architecture
de Palmyre, pour passer à la description par-

ticulière de chacun des modèles de ses monumens dans l'ordre de leurs numéros.

N.º 31.

*Le grand Temple du Soleil, situé à l'extrémité
de la grande colonnade, et tel qu'il était avant
les restaurations d'Aurélien.*

CE temple est du genre de ceux que Vitruve
appelle (liv. III, chap. 2) *pseudodiptere*, ou
faux diptere, et dont il attribue l'invention à
Hermogènes-d'Alabanda, l'un des plus célèbres
architectes de l'antiquité, lequel bâtit suivant
cette ordonnance le temple de Diane dans la
ville de Magnésie. Le temple d'Apollon, érigé
par Muestes, était de la même forme, remarquable par son élégance et sa légèreté. Ce qui
constituait le caractère de ces temples, était
la suppression d'un rang de colonnes, ou portique qui environnait les murs de la *cella* ou
du corps du temple ; en sorte qu'il régnait autour un grand espace très-commode pour la
circulation, sans que la richesse en parût di-
minuée, le rang de colonnes extérieures suffi-
sant à sa décoration, et présentant l'effet du
diptere avec une beaucoup plus grande commodité pour se promener sous le portique.
    Le génie allégorique des anciens dans l'ar-

chitecture est assez connu, pour qu'on ne soit
pas étonné de rencontrer dans un temple consacré au soleil, quelque rapport entre le nombre
des colonnes et la division du temps réglée par
cet astre.

Je n'oserais cependant pas assurer qu'ils ont eu
en vue le nombre des jours de l'année et ceux de
la semaine, lorsqu'ils ont formé leur colonnade
d'enceinte de trois cent soixante-quatre colonnes
entières et isolées, qui composent les sept files
de leur enceinte *. Je trouve aussi, en envisa-
geant sous ce rapport le temple et *sa cella*,
que six croisées et la porte donnent sept ouvertures ; que quatre colonnes engagées extérieurement et huit intérieurement forment le
nombre douze applicable aux mois de l'année ;
que les quatre pilastres angulaires pourraient
également s'appliquer aux quatre saisons ; et
qu'enfin, en comptant les quarante-deux colonnes du péristyle du temple et les quatre antes, avec les quatre colonnes engagées de la
cella, on trouve le nombre cinquante, bien ap-
prochant de celui des semaines. Le nombre des

---

* Ou trois cent soixante-six, si l'on veut compter les
quatre colonnes placées sous le premier portique d'entrée, et non compris les deux colonnes angulaires sur la
face de l'est. (Voyez le plan général de ce monument).

gradins qui entourent le temple est également
de sept; et je m'abstiens de compter les génies
ou les guirlandes qui enrichissent la frise, et
dans lesquels on pourrait également trouver des
nombres en rapport avec les lunaisons, ou toute
autre division du temps, usitée par les anciens.
Il me suffit d'avoir dirigé l'attention des antiquaires de ce côté, pour mettre sur la voie ceux
qui voudraient étendre leurs combinaisons sur
cet objet.

Il n'est guère possible de placer une porte,
dont la masse est d'ailleurs assez belle, d'une
manière plus ridicule que n'est celle qui coupe
la colonnade latérale du temple du soleil. Nous
ne pouvons pas moins faire, pour l'honneur de
l'antiquité, que de supposer qu'elle fût ainsi
ajustée lors de la restauration du temple après sa
destruction partielle par les légions d'Aurélien.

La distribution régulière des colonnes dans
la partie opposée du péristyle, prouve que le
plan avait été conçu selon l'usage et les proportions grecques, mais qu'il fut déshonoré dans
cette restauration.

L'exécution grossière de la sculpture de cette
partie, en comparaison avec celle du reste du
temple, vient d'ailleurs à l'appui de ce sentiment;
et je me plais à penser que dans sa construction
primitive on parvenait dans l'intérieur par une

ou plusieurs ouvertures, qui répondaient à celles des entre-colonnemens.

Au reste, les plus estimables monumens de l'architecture des anciens nous offrent souvent, à côté des plus grandes beautés, de ces négligences singulières ; ainsi qu'on voit dans les poëmes d'Homère, à côté des morceaux les plus sublimes, des passages où l'on ne reconnaît plus ce génie élevé du premier des poètes.

Si l'on examine dans l'ouvrage publié par M. Cassas, sur la Syrie (28.ᵉ livraison, n.º 3o), les différentes faces de l'enceinte de ce temple du soleil, on sera frappé de la ressemblance de cette architecture avec celle dont Perrault a fait choix pour la décoration du péristyle du Louvre et de la façade en retour sur la rivière. Les aspects sont semblables à tant d'égards, qu'on pourrait croire que cet édifice de Palmyre ne lui fut pas inconnu *. On y trouve même l'exemple de l'accouplement des colonnes, qu'on présentait alors comme une invention moderne très-brillante, et qu'aujourd'hui le bon goût rejetterait malgré l'autorité d'un monument an-

---

* Peut-être vit-il dans les dessins de M. de Monceaux, qui fut envoyé au Levant en 1667, quelque croquis de ces monumens; ce qui suffit pour lui donner l'idée de ce genre de décoration qu'il adopta.

tique, comme un vice dans la décoration, et une infraction aux lois de la simplicité et de la pureté principalement exigées dans les productions choisies de l'architecture.

N.º 32.

Le Portique des Marchands, ou la Bourse à Palmyre.

CE monument, d'un genre tout-à-fait neuf quant à sa disposition, nous semble n'avoir pu être appliqué plus heureusement chez un peuple riche et commerçant qu'à une espèce de bourse ou portique des négocians.

En effet, ils pouvaient se promener à l'ombre et traiter d'affaires particulières sous les portiques latéraux, et se réunir en assemblée dans la pièce du milieu, dont la partie circulaire du fond semble très-applicable à un tribunal pour juger les contestations relatives au commerce.

On pense qu'il put être érigé vers le temps de Dioclétien. On pourrait en faire l'application parmi nous à plusieurs établissemens publics : mais il conviendrait sur-tout parfaitement à une bourse, aux bureaux d'une douane, d'une messagerie, pour recevoir et abriter les banquiers, les négocians, les voyageurs, etc.

L'inconstance de notre climat nous obligerait

seulement à fermer, pendant l'hiver au-moins, les entre-colonnemens extérieurs par des châssis vitrés, auxquels on substituerait des jalousies pour l'été.

N.º 33.

Le Temple de Neptune, qui terminait la grande galerie du côté des montagnes.

LA position remarquable de ce monument entre quatre tombeaux en forme de tours, à l'extrémité de la galerie dont il fait le point de vue ; sa forme et le choix de ses ornemens, tout doit porter à croire avec M. Cassas, qu'il n'était point un tombeau, mais un temple.

Quant à sa dédicace au dieu Neptune, comme aucune inscription n'en fait preuve, on la suppose telle d'après un riche plafond trouvé dans ses ruines, et qui représente en bas-relief un Triton et une Néréïde se jouant au milieu des ondes, et y paraissant embrâsés des feux de l'amour.

D'autres ornemens symboliques du dieu des eaux, achèvent de rendre cette supposition très-probable.

Ce temple était du genre de ceux que Vitruve appelle *prostyle*, à un seul portique, *hexastyle*, à six colonnes de face, etc. et dont la *cella* était à *antes* enrichies d'ornemens.

Il est vrai que le plan de cette *cella* était carré au-lieu d'être oblong suivant l'usage ; elle contenait un groupe de quatre petites colonnes sur un piédestal, formant une espèce d'autel couvert pour y placer sans doute la statue du dieu.

Sous chaque colonne de son portique, est un piédestal d'une proportion très-basse, qui n'est orné d'aucune moulure · de simples chanfreins forment son couronnement et sa base ; peut-être cette partie · n'avait-elle point été terminée.

Du reste, les proportions du temple sont belles ; les colonnes ont près de trois pieds de diamètre, d'ordre corynthien, sans cannelures, et n'ont que neuf diamètres et demi de hauteur ; les entre-colonnemens sont serrés ; le caractère grec se distingue dans les profils de l'entablement, dont la hauteur est le quart de l'ordre. Il est taillé d'ornemens, et la frise bombée est, comme nous l'avons observé, enrichie de feuilles d'eau, qui forment un doux travail ; mais les modillons oblongs sont sans aucune sculpture, ainsi que l'architrave.

N.° 34.

Deux Piédestaux avec les huit colonnes qui décoraient le milieu de la grande galerie, monument triomphal à Palmyre.

Ces deux piédestaux reçoivent chacun un

groupe de quatre colonnes, convenablement espacés, dont l'entablement abritait une statue, et qui servaient de point de partage dans la grande galerie, vis-à-vis la plus large des rues transversales qui la croisaient à angles droits. Cet ajustement triomphal et du plus grand effet, est absolument neuf en architecture, et particulier à celle de Palmyre : aucun monument antique n'en offre l'exemple; il est à desirer que bientôt les modernes le reproduisent, pour qu'on puisse jouir du charme de son exécution.

On doit être convaincu, au seul aspect du modèle, que ces quatre groupes de colonnes devaient produire la plus agréable sensation sur ceux qui les apercevaient en longeant la galerie.

Ils faisaient une variété nécessaire dans cette uniformité d'entre-colonnemens, et un point de réunion des plus magnifiques pour la rencontre des deux grandes galeries, qui devaient présenter, au centre de ce carrefour, seize files de colonnes prolongées à perte de vue.

Nul autre monument, nulle ville n'offre autant de magnificence et des points de vue aussi riches et aussi théâtrals.

Tous ses aspects ne pouvant se multiplier en modèles sans d'immenses frais, l'artiste y a suppléé par deux dessins en perspective, N.ᵒˢ 35 et 36, où l'on peut prendre une idée de ce luxe d'architecture, tout-à-fait inconnu avant la découverte de Palmyre. Cependant rien n'est de supposition dans ces dessins, mais tout y est rapproché et présenté avec un art enchanteur et un effet de lumière très-séduisant. On peut croire en les voyant que si les dieux de l'Olympe avaient voulu y transporter une ville, ils eussent fait choix de celle de Palmyre, ou plutôt que Palmyre est une de leurs cités, à l'érection de laquelle Apollon a présidé, et dont ils ont fait ensuite un don aux habitans de l'Arabie.

Les Souverains qui voudront reproduire dans leur empire les aspects de Palmyre, sans épuiser leurs trésors, n'ont qu'un moyen prompt et facile; c'est d'ordonner aux plus habiles décorateurs de leur présenter sur la scène de leurs théâtres les aspects de cette ville superbe, et de prouver leur talent, non en cherchant à rien embellir, mais en donnant à leurs tableaux l'extrême pureté et la vérité de la nature. Les divers modèles des monumens de Palmyre offrent sur-tout les effets les plus séduisans, lorsqu'ils sont éclairés le soir avec art par le peintre voyageur qui a dirigé leur exécution : mais celui de la grande galerie, N.º 37, dont la ligne est prolongée au moyen d'une glace, est un des plus magiques et des plus singuliers que l'on puisse rencontrer.

N.º 38.

Magnifique Tombeau, dont on voit les ruines près de la grande galerie de Palmyre.

Il y en avait deux presque semblables, excepté que celui-ci a des pilastres, et que l'autre est décoré de colonnes ; il se trouve placé à l'extrémité de la galerie. Leur forme élevée, pyramidale, et qui s'élance majestueusement vers le ciel, contraste on ne peut mieux avec ces longues files horizontales de la galerie dont nous venons de parler.

La richesse des statues et des sarcophages, placés dans ces tombeaux sur des plans et à des étages différens, laisse en doute si l'artiste qui a composé et érigé des masses aussi imposantes et aussi bien entendues, a voulu faire l'apothéose de la sculpture ou celle de l'architecture; ou plutôt elles prouvent incontestablement que, pour subjuguer les mortels et pour en triompher, ces deux sœurs doivent être unies et confondues dans un seul monument. Nous aurons occasion de faire observer ailleurs que, pour achever le prestige, la peinture, cette aimable sœur des deux premières, doit y joindre ses charmes.

N.º 39.

Tombeau à l'entrée de la vallée de Palmyre, dont le modèle est exécuté en marbre, et détail en grand de la niche du même tombeau.

JE ferai précéder la description particulière de ce modèle, de quelques observations générales sur les tombeaux de Palmyre, et sur les anciens usages de ces peuples, dont les descendans ont conservé plusieurs pratiques religieuses parmi celles qui leur sont prescrites par la religion de Mahomet, généralement adoptée dans ces contrées.

Les tombeaux des Turcs, ces peuples qui tiennent de la barbarie à tant d'égards, présentent, au contraire, les idées les plus riantes, les plus consolantes, et peignent des ames sensibles et affectueuses.

Ils placent, dans de vastes terrains consacrés aux sépultures, sur des plateaux élevés de quelques marches, des espèces de caisses de marbre, pour la plupart débris des anciens monumens; ils les remplissent de terre végétale, et les sèment de fleurs qu'ils vont cultiver avec grand soin.

A l'une des extrémités de la caisse, en forme de sarcophage, ils érigent une colonne de peu

de hauteur, ou une pierre plate, sur laquelle
est gravée une inscription, et qui porte les attributs ou les marques de dignité qui ont illus-
tré le défunt; c'est ordinairement un turban,
dont la forme indique le grade civil ou militaire du chef de famille.

Si c'est un enfant, on y consacre la représentation des jouets qu'il a le plus chéris pendant sa vie; est-ce une jeune fille, on recouvre
le haut de la colonne du voile de la pudeur,
qui ajoutait encore à sa beauté.

Mais pour prolonger, en quelque sorte, au-
delà du terme de la vie la bienfaisance envers
tous les êtres animés, bienfaisance illimitée qui
est une de leurs vertus favorites, ils élèvent souvent au milieu de la caisse un plateau surmonté
d'une coupe aussi de marbre; ils emplissent
d'eau cette coupe, et chaque jour ils vont religieusement porter des graines pour nourrir
les oiseaux; ceux-ci accourent de toutes parts,
voltigent sur les arbustes voisins, et semblent
vouloir adoucir, par leurs chants, les regrets
des amis, des enfans qui viennent, au nom
d'un père ou d'un ami, s'acquitter de ce soin
généreux.

On ne peut nier assurément qu'il n'y ait,
dans cette pratique et dans ces usages, un sentiment tendre et délicat; qu'ils ne soient un

hommage simple et touchant rendu à l'auteur
de la nature, en honorant ses plus agréables
productions. Ces idées riantes écartent les images lugubres et effrayantes dont on se croit
ailleurs obligé d'accompagner les morts et leurs
tombeaux; elles les remplacent par les idées
plus consolantes de la métempsycose, dans ce
qu'elle peut avoir de conforme aux changemens perpétuels que la nature offre sans cesse
à l'examen de l'observateur.

Quoi de plus naturel que de voir un rosier,
des violettes, un lis superbe, un jeune myrte,
une tendre anémone, souvent arrosés des pleurs
de la piété filiale, de l'amour, de l'amitié, de
la tendresse maternelle, pousser dans chaque
saison des fleurs que le sentiment compare à
l'objet regretté, et qui nous semblent devoir
tenir quelque chose de son existence passée !

Ah ! n'appelons plus des barbares ceux de
qui nous tenons ces touchantes leçons ! Quels
soins plus purs que ces actes de bienfaisance
envers des oiseaux innocens et doux ! Leur ra-
mage seul ou leurs sons plaintifs viennent in-
terrompre le silence de ces lieux consacrés à
la prière et au pieux travail d'un tel jardinage;
et lorsqu'ils disparaissent tout-à-coup dans
les airs, ils semblent encore tracer la route
que prit une ame vertueuse en s'échappant

d'un lien mortel pour se rejoindre à la divinité.

Plusieurs des tombeaux de Palmyre, assez semblables pour la masse à celui du N.º 38, sont parfaitement entiers, un grand nombre est détruit, et leurs ruines immenses couvrent la vallée ; d'autres étaient placés de préférence à mi-côte, et sur le sommet des montagnes.

Des inscriptions nous ont fait connaître ceux de la famille d'Elabelus et de celle de Jamblicus *. Leur forme est à-peu-près semblable ; ils ne diffèrent que par la grandeur, par le détail et par la richesse des ornemens. Ainsi, de même que les sépultures de l'Egypte étaient des pyramides plus ou moins élevées, sur des bases d'une étendue proportionnée à cette hauteur, les tombeaux de Palmyre étaient des tours carrées par leur plan, dont la hauteur est le plus ordinairement deux fois la largeur. Elles sont placées sur un soubassement composé de trois ou quatre assises élevées et en retraite.

Une des faces était percée d'une porte décorée, et vers le milieu de la hauteur de la tour, on plaçait le plus souvent un sarcophage soutenu par des consoles. Une figure y était cou-

---

* C'est ce dernier qui est ici exécuté en marbre sous le N.º 39.

chée sur de riches coussins ; elle représentait
le père ou chef de la famille ; derrière étaient
un ou plusieurs enfans de différens âges , debout respectueusement.

La caisse du sarcophage était ornée de ro-
saces ou de cinq figures aussi debout avec
des candélabres ou des espèces de jambages
tournés aux extrémités ; tout le reste est parfaitement lisse , et cette simplicité est noble et
majestueuse.

L'intérieur était souvent décoré de pilastres
corynthiens avec des cases carrées dans leurs
intervalles, espèces de tiroirs pour y loger les
momies; des tables de marbre , couvertes d'inscriptions, fermaient leur entrée , et quelquefois des bustes y étaient superposés , et trans-
mettaient les traits du personnage avec son nom
et son éloge.

Il y avait aussi dans l'intérieur de ces tombeaux plusieurs étages séparés par des plan-
chers de marbre ; mais le rez-de-chaussée était
toujours le plus orné; peut-être les étages su-
périeurs étaient-ils destinés aux serviteurs et aux
gens attachés à la famille.

Les plafonds de l'étage inférieur étaient ornés
de compartimens et de caissons enrichis de
sculpture, sur des fonds de différentes couleurs:
dans quelques - uns ce sont des arabesques et

des stucs assez semblables à ceux que les Romains employaient dans leurs tombeaux, et qui se voient à l'intérieur de la pyramide de C. Cestius, à quelques autres situés près du temple de *Minerva Medica*, et sur-tout à celui de la famille *Aruntia*.

Tous ces monumens remarquables, qui s'élèvent encore dans la vallée de Palmyre, et dont M. Cassas s'est plu à dessiner et à mesurer toutes les parties et les variétés dans le plus grand détail, parce qu'ils ne se trouvent point dans l'ouvrage des Anglais, sont construits d'une pierre calcaire brune, assez semblable à celle de Tivoli, dite *peperino*, et que ces habitans du désert allaient chercher assez loin, pour faire mieux briller, par l'opposition de sa couleur sombre, l'éclat du marbre blanc, ou de la pierre qui en approche infiniment, et dont tous les membres d'architecture, les ornemens des portes, croisées, et les sarcophages entiers étaient composés.

En effet, ce mélange réussit très-bien, et détache, par un ton doux, tous les détails de décoration, qui, au moyen de cette opposition, se distinguent à une très-grande distance.

On voit encore, dans les carrières situées à l'ouest de la ville, des colonnes et d'autres matériaux à demi-taillés, et anciennement destinés à être transportés à Palmyre.

N.º 40.

Groupe et sarcophage en grand de la niche du même tombeau, modèle exécuté en terre cuite dans le caractère grec de l'original.

Dans ce groupe, c'est une belle femme, une mère de famille, qui, entourée de ses enfans, repose et montre, dans son attitude et son noble maintien, le calme de la vertu.

N.º 41.

Autre Tombeau exécuté en liège.

Ce monument est celui d'Elabelus déjà cité. La matière du modèle exprime parfaitement les tons chauds et dorés qui parent ces ruines sous un ciel brûlant. On remarque au-dessus de la porte d'entrée une longue frise, composée de bustes placés les uns à côté des autres. Tous ces bustes s'ébauchaient à-la-fois pour la décoration du monument, puis ils se finissaient à mesure qu'il mourait un membre de la famille.

N.º 42.

Autre Tombeau avec des niches.

Il est à trois étages, et sa décoration est d'un style mâle et large, qui répond à la proportion.

de la masse un peu moins élevée que dans les précédens.

N.º 43.

Détail en grand d'un Tombeau détruit.

Ici le père, la mère et un jeune enfant, fruit de leur amour, reposent sur le même sarcophage ; ils tiennent dans leurs mains des graines de pavots, symboles d'un sommeil éternel.

Derrière et debout sont des parens ou des amis qui portent un manuscrit roulé, ou *volumen* contenant sans doute l'histoire de leur vie et leur éloge funèbre. La mère de l'épouse, placée au milieu d'eux, semble plongée dans la douleur et prête à se couvrir d'un long voile. La force et les exploits du chef de la famille sont bien caractérisés par la peau de lion dont ses épaules sont couvertes, et par la massue qui repose à ses pieds.

———————

DE L'ARCHITECTURE ÉTRUSQUE.

JE puiserai pour cet article dans le sixième chapitre de l'architecture de Stieglitz, ouvrage allemand rempli de recherches et d'érudition.

On croit que les Etrusques durent les premières connaissances de l'art aux Phéniciens, s'ils ne l'imaginèrent pas eux-mêmes; car les Grecs, lors de l'envoi de leurs premières colonies, qui abordèrent en Etrurie avant la guerre de Troye, n'avaient pas encore fait, en architecture, les découvertes qui depuis les ont rendus si célèbres.

Les Etrusques qui possédaient tout le pays situé entre la mer Tyrrhéniène et l'Adriatique, s'enrichirent bientôt par la navigation et le commerce; ils avaient douze villes principales, parmi lesquelles celle de Veies était renommée, comme l'une des plus anciennes et des plus opulentes.

Les Romains balancèrent même après sa conquête, au rapport de Tite-Live, s'ils ne quitteraient pas Rome, alors peu considérable, pour s'établir à Veies.

Tarquinia, autre ville d'Etrurie, qui donna naissance aux Tarquins, était également puissante, et résista long-temps aux Romains. Falaria, Vitulania, Populonium, Carythus, Volsinium, etc. furent aussi célèbres; Agylla, Clusium, Fesula, Luca, aujourd'hui Lucques, Luna ou Luni, célèbre par son beau marbre blanc (c'est celui que l'on nomme de Carrare), sont également citées comme capitales de l'Etrurie, dont les colonies formèrent ensuite Capoue, Pamelia, Larium, Adria, Picenum, et donnèrent naissance à différens peuples, dont les plus connus dans l'histoire par leurs guerres sanglantes avec les Romains, sont les Rhétiens et les Volsques, les Samnites, etc.

Les Etrusques encouragèrent des premiers les arts et honorèrent les artistes, au nombre desquels leurs rois ne dédaignaient point de se placer, et qu'ils logeaient dans leurs palais. Les Romains les appelèrent pour fonder leur capitole et bâtir le temple de Jupiter et d'autres édifices.

Cependant, quoiqu'on ait une idée avantageuse de leurs monumens, on ne peut citer que quelques débris de théâtres, quelques murs et portes de villes, et des tombeaux qui ne donnent pas une grande idée du genre de leur décoration *.

Leurs premiers temples étaient très-petits, et

* Voyez Gori, Mus. Etrusc.

pouvaient contenir à peine les colonnes statuaires qui représentaient le dieu qu'on y révérait, et quelquefois, mais rarement, un autel.
On les agrandit ensuite; et l'on trouve la description de leur structure dans Vitruve (liv. IV,
chap. 7), quoiqu'ils soient antérieurs à cet
écrivain de plus de 450 ans.

Les colonnes y étaient employées ; mais cet
ordre toscan lourd, et n'ayant ni par les colonnes en elles-mêmes, ni par leur disposition et
leurs rapports entr'elles, l'élégance et la grâce,
ou le caractère mâle et prononcé du dorique
des Grecs, ne paraît jamais en comparaison
qu'une ébauche imparfaite, ou une copie dégénérée.

La largeur des entre-colonnemens, l'excessive
hauteur du fronton, si le texte de l'auteur latin
n'est point corrompu dans les proportions qu'il
leur assigne, ne donnent que des masses écra-
sées et des formes lâches, qu'on ne peut réaliser
qu'en bois, et qui s'écraseraient sous le poids
de la pierre, ou du marbre le plus résistant.

Ces espèces de pignons étaient pourtant décorés de figures, de quadriges en terre cuite ou
en bronze, placés sur le faîtage et sur les deux
acrotères au bas du rampant, et donnaient à la
façade une sorte de distinction et de magnificence, dont on a dans la suite tiré le parti le

plus avantageux pour tous les genres d'édifices; mais, dans l'origine, il n'était réservé qu'aux temples des dieux. Les Romains décorèrent ensuite avec ces quadriges leurs arcs de triomphe; ils y joignirent des trophées et d'autres attributs, et cet ensemble est des plus nobles et des plus imposans.

Ils révéraient le dieu *Vertumnus* et la déesse *Nortia*, qu'ils appelaient aussi la grande Déesse. C'est dans le temple de cette grande Déesse, à Volsinium, que l'on marquait les années par un clou enfoncé dans la porte, avec cérémonie, au renouvellement de la saison.

La déesse *Vacuna* fut particulièrement révérée des Sabins, qui lui érigèrent des temples et lui désignèrent des prêtres particuliers.

Pomone et Jupiter reçurent aussi les vœux des Etrusques. Le soleil y fut adoré sous la forme d'Apollon, comme ayant seul le pouvoir de conduire son char. Ce dieu eut un temple célèbre à *Clusium* et un autre à *Anxur*, maintenant *Terracine*. Le culte de tous les dieux de la Grèce y fut ensuite introduit, mais avec des noms ou des surnoms différens; et l'on sait que Junon avait des temples à Picenum et près de Veies. On voyait à Lanuvium celui de Junon Sospita, dont on attribuait la fondation à Diomède, compagnon d'Enée, soit aux Pélasges, soit enfin aux Curètes, anciens habitans du pays. La Junon Feronia eut dans toute l'Etrurie des temples et des bois sacrés, etc. etc. Sur le territoire où s'est élevée depuis la belle ville de Florence, il y eut des temples érigés à Vénus, d'autres à Mars, et d'autres à Hercule du côté de Livourne, de Volterre et de Lucques; il y en eut à Spolette en Ombrie, un commun à Hécate et à Neptune; Thétis avait un petit temple et un oracle chez les Pérusiens, etc.

Il y eut aussi, dans toute l'étendue de l'Etrurie, un grand nombre de théâtres pour les jeux dont ces peuples étaient passionnés, et qui faisaient même en quelques endroits partie du culte divin. On représentait sur ces théâtres le genre tragique, le comique et le satyrique; des chœurs de musique faisaient partie des deux premiers. Certaines pièces satyriques ont été nommées *Atellanes* du nom d'*Atilla*, capitale des Osques, où elles prirent naissance.

Volumnius, un des plus célèbres poètes de l'Etrurie, composa des tragédies tusciennes avant que les Romains eussent de spectacle public.

On trouve quelques débris de ces théâtres à *Andria*, colonie étrusque; ils sont bâtis en briques à *Volterre* et à *Engubium*. C'est des mêmes Etrusques que les Romains empruntèrent leurs cirques.

On a retrouvé beaucoup de tombeaux étrusques, la plupart bâtis dans des souterrains. Un
tombeau de ce genre, près de Crotone, a intérieurement la forme d'une croix; on y a pratiqué
six petites niches pour recevoir les urnes cinéraires; tout le tombeau était formé de vingt-
sept pierres d'un très-grand volume, appa-
reillées avec un soin extrême; la voûte se compose de cinq pierres seulement, aussi longues
que l'édifice, qui a près de cinq palmes de Florence. D'autres tombeaux plus petits n'ont en
tout que cinq pierres, une seule pour la voûte,
et quatre autres pour les parois. Un de ces tombeaux, près de *Péruse*, est encore entier, et
pareillement fait de très-grosses pierres; il a de
longueur 16 pieds romains, 10 de largeur et autant de hauteur; sa forme est un parallélogramme
voûté; et dans les murs de côté sont pratiquées
des niches pour y placer des urnes. Un tombeau
près de Clusium est creusé dans le tuf de la montagne; on ne peut y entrer que par le sommet;
on a pratiqué des renfoncemens des trois côtés,
ce qui lui donne la forme d'une croix; les murs
sont ornés de figures peintes, et les niches n'ont
que des fonds unis; le plafond est droit et orné
de compartimens coloriés aussi en pourpre, vert,
jaune, noir, bleu, blanc, et rouge tendre ou
rose. Plusieurs de ces tombeaux, plus spacieux

du côté de Tarquinium et près de *Cornète*, également taillés dans le tuf de la montagne, ont leur ciel ou plafond soutenu par des piliers pris à même la masse, et sont ornés dans leur pourtour de divers caissons, ou compartimens peints avec ou sans figures. Le tombeau de *Porsenna*, près de Clusium, aussi nommé le Labyrinthe, est ainsi décrit par Pline : un édifice carré en pierre, ayant sur chaque face, intérieurement sans doute, 3o pieds et 5o de haut; au-dessus étaient cinq pyramides, une à chaque angle, et l'autre au milieu, toutes d'égale hauteur, et de 15o pieds de haut, et de 70 de base; au sommet de chacune était pratiquée une couverture circulaire, en forme de tête de champignon, où de petites sonnettes étaient suspendues avec des chaînes, et mues ainsi par le vent, répandaient au loin leurs sons. Le tombeau que l'on appelle vulgairement des Horaces à Albano, près de Rome, peut donner une idée très-juste de cet édifice, dont la masse était seulement beaucoup plus grande.

On attribuait communément aux Etrusques les constructions que M. Louis Petit-Radel attribue aux colonies cyclopéennes. Nous donnons ci-après un exposé des vues historiques de ce savant; et comme si l'on ôte une pierre de cette sorte de construction, exécutée en très-gros blocs parfai-

tement bien joints par leur coupe et sans mortier,
celles de dessus se soutiennent naturellement, et
forment une espèce de voûte ; peut-être est-ce par
cette raison qu'on attribuait aussi aux Etrusques
l'invention des voûtes, dont ces anciens tombeaux fournissent, à ce qu'on croit, les premiers
modèles ; car les ténèbres, dont la science des
antiquités est si souvent environnée, ne permettent pas de donner d'assurance positive sur de
telles propositions.

Comme cette discussion est étrangère à notre
objet, et passerait les bornes d'une notice, nous
renverrons, pour discuter le point historique et
ce qui tient à l'art, au savant et curieux ouvrage
que le même M. Louis Petit-Radel se propose
de publier très-incessamment sur cet… matière
absolument neuve et d'un grand intérêt.

Quant aux colonnes étrusques, dont l'ordre
toscan décrit par Vitruve est l'unique modèle,
en attendant que quelque découverte d'un monument antique ajoute à nos connaissances ac-
tuelles, nous avons vu qu'elles portent un caractère différent du dorique grec, même le plus
court, dont on trouve des exemples aux temples
de Pæstum, et à quelques-uns de la Sicile.

Ce que l'examen des modèles démontrera plus
facilement et plus vite que tous les détails écrits
dans lesquels nous pourrions entrer.

N.º 44.

Tombeau étrusque, situé sur la voie Appia, aux environs d'Albane.

Ce tombeau n'est, comme on voit, composé que de quelques assises de très-grandes pierres bossagées, posées au-dessus d'un socle et d'une espèce de soubassement peu élevé, qui fait paraître les autres pierres plus grandes.

Sept rangs de voussoirs, y compris la clef, forment cette voûte, qui annonce la plus grande solidité.

Les joints des pierres sont très-parfaitement bien taillés, unis sans mortier, et garantis de toute dégradation par les bossages qui recouvrent tant ceux montant que les horizontaux.

Ces bossages saillans, qui donnent un grand caractère de fermeté aux constructions, semblent faits pour laisser au temps la part qu'il doit dévorer avant d'attaquer le massif du monument même.

On a trouvé dans l'intérieur de ce tombeau un squélette entier et plusieurs vases autour de lui, dont quelques-uns ornés de peintures de deux tons. Tous ces détails sont gravés dans Piranesi, Antiquités d'Albano, et dans le bel ouvrage de d'Hancarville sur les vases d'Hamilton.

10

N.º 45.

Tombeau placé dans la principale chambre sépulcrale de la famille Aruntia, *près du Temple de* Minerva Medica, *à Rome.*

CE petit monument a tous les caractères de l'architecture étrusque : un fronton très-élevé, et dans ses moulures un mélange de la finesse grecque et de la manière plus large des Romains.

La forte saillie de son entablement semble indiquer la place de deux supports isolés, tels que des colonnès, des chimères, ou des cariatides.

Les huit trous creusés dans le socle étaient destinés à recevoir des urnes cinéraires de terre cuite ; elles étaient garanties et recouvertes par des couvercles également de terre, qui fermaient ces trous bien hermétiquement.

Tous ces détails se trouvent aussi dans le beau Recueil d'Antiquités, gravés par Piranesi.

DE LA CONSTRUCTION CYCLOPÉENNE.

Trois choses principales sont à considérer relativement à cette architecture;

1.º Son application; 2.º sa construction; 3.º son histoire.

Son application très-simple est conforme à la nature des édifices où elle est employée; on ne l'a trouvée jusqu'ici que dans des fortifications, des châteaux-forts, des tours isolées, des murs d'épaulement, pour maintenir des chemins, des quais maritimes, et, le long de quelques fleuves, des *péribolos* ou murs d'appui entourant des tombes de terres rapportées, enfin des *pnix*; car c'est ainsi qu'il faut nommer quelques édifices formés sur un plan sémi-circulaire, à l'exemple de quelques théâtres, où, comme dans ceux d'Athènes et de Délos, se tenaient les assemblées des peuples antiques qui sont les auteurs de ces constructions.

On cite aujourd'hui plus de 150 villes de la Grèce, de l'Asie mineure, de la Thrace, prise dans son extension la plus ancienne; des îles de l'Archipel et de la Méditerranée, de l'Italie, enfin, où des monumens cyclopéens ont été observés *.

On ne citera ici, parmi toutes ces villes, que Mycène, Argos, Tyrinthe et Nauplia, dont M. Cassas fait exécuter le modèle pour sa collection, parce qu'Euripide, Strabon et Pausanias ayant dit, en parlant spécialement de ces quatre villes, que leurs murs étaient l'ouvrage des Cyclopes. L'identité parfaite que ces monumens, dont on a les dessins, offrent, comparés à ceux d'Italie, justifie la justesse de la dénomination classique que M. Louis Petit-Radel donne à tous les monumens du même genre.

L'architecture de ces monumens est uniquement dirigée selon les vues de la tactique militaire ; tout y est force et raison, rien n'y existe pour la seule élégance ; néanmoins, et à juste titre, Pausanias compare ces monumens à tout ce que les Egyptiens ont créé de plus admirable : Pollux dit, en parlant de la struc-

---

* Le catalogue du plus grand nombre de ces villes, existe dans les éclaircissemens demandés à ce sujet aux savans de l'Europe, imprimés et distribués par un arrêté de la classe des beaux arts de l'Institut national, en date du 7 pluviose an 12. Cette pièce a été réimprimée dans le Magasin encyclopédique de M. Millin.

ture cyclopéenne du pnix d'Athères, dont on a les dessins, qu'elle porte le caractère des temps les plus anciens.

La situation des villes, soit de l'Italie, soit de la Grèce, où l'on observe cette architecture cyclopéenne, est remarquable, sur-tout en ce que, situées constamment au sommet de montagnes, c'est là qu'Homère indique les établissemens des Cyclopes et des Lestrygons, et Théocrite y place les Pelasges.

Les fondateurs de ces villes traçaient jusqu'à cinq lignes de fortifications semblables autour de la montagne, et communiquaient de l'une à l'autre par des issues percées dans la roche vive d'un marbre très-dur. Les portes n'en sont pas voûtées, mais elles sont formées de pié-droits et de plate-bandes, dont le solide calculé est immense.

La construction cyclopéenne est essentiellement formée de blocs polygones irréguliers, non de cette irrégularité qui décèle ou l'ignorance ou bien un ouvrage fait à la hâte, mais d'une irrégularité raisonnée, et dont le but est de prévenir la ruine du mur, par l'emboîtement des matériaux qui le composent.

Les monumens confrontés déposent qu'on n'est pas arrivé d'abord à cette perfection; car il en existe dans les villes les plus anciennes de la Grèce, où la périphérie de chaque bloc est positivement le polygone que décrit naturellement la pierre calcaire par le simple mécanisme de son exploitation; mais dans beaucoup d'autres murs de la Grèce et de l'Italie, chaque pierre s'y trouve taillée pour y faire respectivement, et tour-à-tour, la fonction de sommier, de voussoir et de clef; en sorte qu'on est sûr d'obtenir une voûte par-tout où l'on forme une brèche.

Dans quelques monumens, la tête de chaque pierre est taillée en bossage piqué à la rustique, et les joints refouillés.

Ces joints sont toujours de la plus exacte finesse; on ne pourrait pas y introduire la lame d'un couteau. Sans doute cette perfection avait pour but de rendre les escalades difficiles.

On ne trouve jamais de ciment dans ces constructions; les murs ont constamment de 15 à 24 pieds d'épaisseur, leur travail est lisse et soigné au-dehors; mais ils sont piqués grossièrement au-dedans.

Ils sont formés constamment de deux paremens de blocs énormes sans boutisse; les interstices, laissés entre ces deux paremens, sont remplis de petites pierres à sec, provenant de la taille des blocs. La périphérie de la tête de chaque pierre peut être estimée, selon le diamètre qu'elle offre à l'extérieur du mur ; ce diamètre est de 6 à 18 pieds : le tétragone parallélogramme est la seule figure qui ne se rencontre jamais dans le plein des murs cyclopéens ; on la trouve seulement dans les jambages ou piédroits des portes, dans les linteaux ou plates-bandes, et dans l'espèce de tore ou de plinthe qui règne au bas de quelques murs de la Grèce, et qui, n'offrant jamais qu'une seule assise, avait pour but, probablement, d'établir d'abord le niveau sur un sol ordinairement inégal *.

Le sommet de quelques murs qui subsistent encore dans toute leur hauteur, est terminé par un parapet dont le plan est incliné ; il règne tout autour un chemin de ronde, formé par l'épaisseur du mur, auquel on arrive par des degrés appliqués le long de l'intérieur (Fourmont a observé cette particularité à Tyrinthe).

L'histoire de ces monumens et les conséquences qui doivent résulter de leur confrontation avec la chronologie des premiers siècles de la Grèce et de l'Italie, est une matière absolument neuve, que M. Louis Petit-Radel s'est

---

* Ils ne négligeaient pas de mettre à profit la saillie naturelle d'une roche vive, quand il s'en trouvait sur la ligne du plan de la muraille.

appropriée par sa découverte, avant l'époque
très-récente, où, à son retour d'Italie, ce voyageur communiqua ses mémoires à l'Institut
national. Tous les antiquaires, et Winckelmann lui-même, à qui le problème historique
de l'origine de ces monumens, au-moins en
Italie, fut proposé publiquement, considé-
raient dans cette construction l'*incertum* de
Vitruve; quelques-uns même l'attribuaient aux
Goths et aux Sarrazins, quoique Winckelmann
eût connu et cité les dessins des constructions
cyclopéennes, que Cyriaque d'Ancône avait
faits en Grèce d'après les monumens; ce célèbre
antiquaire n'avait pas saisi l'identité que ces
constructions grecques offraient avec les constructions italiques, et moins encore le jour que
ces rapports jetaient sur la solution du problème que lui proposait, sur l'origine historique
de ces monumens, l'auteur d'un Voyage allemand.

M. Louis Petit-Radel est le premier qui ait
exposé les caractères distinctifs de ces constructions; qui en ait assigné l'origine, et qui en
poursuive l'histoire dans les *recherches* qu'il
publiera bientôt, avec la série nombreuse des
dessins qui appuient ses vues critiques.

Il lui paraît démontré que leur origine re-
monte aux fondations des premières villes grec-

ques, et aux premières dynasties des rois de la Grèce et de l'Italie, c'est-à-dire, aux Inachides et aux Ænotriens, dans le 19.ᵉ siècle avant l'ère vulgaire.

Il conjecture que les colonies de Danaüs et de Cadmus ont porté, dans la Grèce et dans l'Italie, le système des constructions en pierres parallélogrammes, ou disposées par assises horizontales. C'est le seul qu'on trouve dans les plus anciens monumens d'Egypte, dont aucun n'est en construction cyclopéenne.

Les plus anciens monumens étrusques en Italie, bâtis en pierres parallélogrammes, ont les monumens cyclopéens pour fondation; les autres combinaisons de dispositions respectives entre ces deux espèces de constructions, dans les murs de Thèbes en Grèce, de Mycène, démontrent que le système des constructions asiatiques est d'une introduction postérieure aux constructions cyclopéennes, et confirment ces bases critiques de M. Louis Petit-Radel.

La série des modèles qu'il a fait exécuter d'après des dessins faits sur les lieux, et qui lui ont été communiqués par M. de Choiseul-Gouffier, par M. Fauvel, par M. Clérisseau, et autres artistes et voyageurs, est exposée dans la bibliothèque Mazarine, au Palais des Arts.

N.º 46.

Modèle de constructions cyclopéennes existantes à Nauplia, ville de l'Argolide, aujourd'hui Naples de Romanie.

On trouve des exemples de semblables constructions à plus de trente villes de Grèce, et à cent villes d'Italie et plus.

MONUMENS CELTIQUES OU DRUIDIQUES [1].

Les Celtes sont regardés comme les premiers habitans de l'Europe, plus anciens et moins connus que les Gaulois et les Bretons [2] qui en faisaient partie; on a dû les confondre souvent. Originairement descendus des Scythes, ils

---

[1] Je répondrais mal à l'honneur que m'a fait l'Académie Celtique, en m'admettant au nombre de ses membres, si je ne donnais ici une légère idée de ces monumens étonnans et singuliers, dont l'origine antique se perd dans la nuit des temps.

[2] On assure que la langue que l'on parle encore en Bretagne aujourd'hui, est la même que parlaient les anciens Celtes, et que cette langue celtique ou gauloise est restée pure également dans les deux Bretagnes, l'armoricaine et l'insulaire dans le pays de Galles, dans la Cornouailles anglaise et dans l'Irlande.

étaient généralement répandus dans les Gaules, en Espagne, dans la Grande-Bretagne, la Germanie, les royaumes du Nord, et une partie de l'Italie, sous des noms différens * : par exemple, les Celtes, les Ibères et les Ultibères occupaient anciennement toute l'Espagne, lorsque les Romains et les Carthaginois y pénétrèrent; on les distinguait des Sarmates qui étaient établis du côté de l'Orient.

Du temps de Jules-César, les Gaules étaient habitées par les Belges, les Acquitains et les Gaulois proprement dits, aussi nommés Celtes. Les auteurs romains leur attribuent la connaissance des arts, un grand luxe dans leurs armures, dans leurs chars suspendus, et d'immenses richesses. La Gaule, disent-ils, régorgeait d'or.

Leurs simples soldats étaient parés de chaînes, de colliers et de bracelets d'or.

Leur cavalerie était très-estimée; et c'est dans ce pays qu'on remontait la cavalerie romaine. Il fournissait aussi des bleds, des laines, du fer, du cuivre, etc.

Ses vaisseaux étaient des citadelles flottantes,

---

* On porte jusqu'à 400 le nombre des nations gauloises ; leur population était immense.

contre lesquels les vaisseaux beaucoup plus petits des Romains venaient se briser.

Les Celtes de Germanie et ceux des Gaules étaient un même peuple divisé par le Rhin seulement, au rapport de Strabon.

Les Gaulois et les habitans de la Grande-Bretagne étaient alliés et commerçaient ensemble ; les premiers se vantaient d'avoir peuplé la Grande-Bretagne, et les Bretons d'avoir envoyé des colonies dans les Gaules. La Bretagne secoua le joug des Romains au commencement du 5.ᵉ siècle, et sut résister aux Francs, qui s'emparèrent de la Gaule. N'ayant jamais été conquise, elle conserva la langue, les mœurs, les usages des Celtes de la plus haute antiquité.

D'abord, ils ne bâtissaient point de maisons, et, comme les Scytes, logeaient sur leurs chariots en parcourant les campagnes, et s'établissant dans les forêts, les vallons ou les plaines, selon qu'ils étaient chasseurs, pêcheurs ou agriculteurs. Mais tous étaient armés de l'épée, de la lance et du bouclier ; guerriers intrépides, ils poussaient souvent la bravoure jusqu'à la férocité.

Lorsqu'ils furent plus civilisés, et même logés dans des villes, ils n'avaient point encore, comme on sait, de temples fermés ni couverts ;

leurs assemblées religieuses se tenaient en rase campagne ou au milieu des bois, et là, ils offraient leurs sacrifices autour d'une grosse pierre, d'une colonne ou de quelque grand arbre révéré.

Comme ils ne voulaient pas qu'on labourât la terre de ces lieux consacrés, c'est pour cela qu'ils avaient coutume de les entourer de grosses pierres. Ils rendaient un culte religieux aux fontaines, aux lacs, aux fleuves et à la mer. Ils adoraient également le feu, comme symbole de pureté, parce qu'il sert à tout purifier; le soleil, comme source de lumière et de toute reproduction; ils lui immolaient des taureaux blancs, des chevaux, et ses temples étaient certains lieux désignés dans les forêts d'arbres verds.

Dans leurs assemblées nocturnes, la lune avait également part à leurs adorations.

Les Curètes parmi les Celtes, comme les Druides parmi les Gaulois, étaient honorés presque à l'égal de leurs dieux; après ces pontifes, les guerriers obtenaient la plus haute considération, et ils étaient presque divinisés, après leur mort, par les poëmes des Bardes.

Les Celtes ne représentaient leurs divinités sous aucune forme humaine, ni sous celle d'aucuns animaux; leurs simulacres étaient une

épée ou une hallebarde, un très-bel arbre ;
qu'ils consacraient, et autour duquel ils allu-
maient des flambeaux ; souvent il était arrosé
du sang des victimes , et quelquefois même ,
dit-on aussi, de celui des hommes , comme
étant le plus parfait des animaux.

On y attachait les trophées de la victoire ;
et les têtes des ennemis vaincus.

Lorsque cet arbre mourait, on l'écorçait, et
il devenait un monument sacré, sous la forme
d'un cône très-allongé.

Ailleurs, c'était une très-grosse pierre qui
occupait le milieu du sanctuaire, dont l'enceinte
découverte n'était déterminée que par d'autres
roches ou pierres debout. Ces monumens sont
très-multipliés en Angleterre , en Irlande , en
Écosse , dans les îles Hébrides et les Orcades,
en Germanie et dans la Sarmatie , etc. etc.

N.º 47.

TEL était le temple des druides, découvert
en 1779 dans l'île du lac de Dewinwater, nommée Poklingtou, située dans le Cumberland ;
temple de ce genre, que l'on croit l'un des
plus anciens de l'Europe. Il a 60 pieds anglais
de diamètre ; à sa circonférence intérieure était
pratiqué un petit retranchement carré et sou-
terrain, que l'on croit avoir servi de sanctuaire.

L'élévation des roches était de 5 à 6 pieds ;
il y en avait une au centre. Le plus grand temple
des Druides, les pierres de Carnac, sont d'immenses roches de granit, dressées debout sur
le sable, en équilibre, sans fondation, et qui
couvrent une vaste étendue de terrain ; elles forment onze rangées, espacées de 30 à 33 pieds ;
il y a 12 à 15 pieds d'une pierre à l'autre ; elles
ont jusqu'à 22 pieds de hauteur ; il en reste
environ 4000. Aucune inscription n'indique
l'origine et l'usage de ce monument singulier :
on croit qu'il a quelque rapport avec l'astronomie et la mesure du temps ; qu'on élevait
une de ces pierres à telle ou telle époque,
dont on voulait conserver la mémoire et le
nombre (voyez l'ouvrage de M. Cambry sur
les Monumens celtiques, ceux de Le Brigant,
de la Tour-d'Auvergne).

N.º 48.

Les pierres plates de Stonehenge, dans le
Wilt'shire Angleterre, sont des constructions
du même genre, dont la forme différente tient
à la nature des matériaux employés. Ces pierres
ressemblent assez aux plus grands blocs sortant de nos carrières, que l'on aurait mis debout et assez rapprochés pour en poser dessus
un en travers, comme le linteau d'une porte
entièrement brute, ainsi que ses jambages.

DE L'ARCHITECTURE ROMAINE.

Les Romains ne peuvent prétendre à la gloire d'inventeurs en architecture. Dans leur origine, ils étaient pauvres et simples; guerriers farouches et intrépides, tout leur faste ensuite fut dans leurs camps; ils dédaignaient la molesse et le luxe des villes, dont les arts seuls forment l'ornement; devenus maîtres du monde, ils connurent et démêlèrent dans leurs nombreux trophées des chefs-d'œuvre de tout genre; et les Grecs subjugués, substituant la ruse à la force, captivèrent peu-à-peu leurs vainqueurs par l'attrait de ces mêmes arts, dont ils surent faire naître pour eux le besoin, et dont ils parvinrent à leur faire goûter tous les charmes.

La lyre de Virgile et celle d'Horace modulèrent des sons pareils à ceux que le divin Homère et le joyeux Anacréon avaient immortalisés. Le siècle d'Auguste devint rival de celui de Périclès; et les marbres taillés par ces mêmes Grecs, au milieu du *forum* de Trajan, firent de l'ancienne Rome une nouvelle Athènes, plus somptueuse et plus superbe encore que celle dont le cruel Sylla venait d'ensanglanter les murs et d'abattre les temples.

La magnificence des Empereurs réunit dans cette capitale tous les genres d'architecture; elle agrandit leurs masses, et les développa dans des proportions colossales; elle assembla tous ces pompeux débris dans un ordre imposant et nouveau; elle ravit aux Egyptiens les obélisques, et les érigea dans ses places; les éclipsa par des colonnes triomphales; revêtit leurs pyramides d'élégans péristyles dans ses môles superbes et dans les septizones; rendit aux dieux de la Grèce des temples non moins riches que ceux d'Ephèse, de Corynthe et d'Athènes; surpassa, dans les amphithéâtres et dans les cirques, tout ce qui avait été fait de noble et de grand dans ce genre; créa, dans ses arcs de triomphe, des monumens d'un genre neuf, pour perpétuer le souvenir de ses victoires; enfin donna, dans les thermes des Empereurs, l'idée non de palais, mais plutôt de villes entières, où tous les genres de luxe étaient réunis, pour occuper un instant les loisirs des maîtres de l'univers.

Magnifique dans ses places, dans ses temples, dans ses palais, dans ses tombeaux, imprimant le caractère de sa grandeur à ses moindres édifices, Rome est encore aujourd'hui ce qu'elle fut autrefois pour l'architecture, la maîtresse du monde; et ses débris superbes, étudiés et mesurés depuis la renaissance des arts, commandent l'admiration à tous les voyageurs, et fournissent des modèles à tous les artistes.

Les anciens Romains ont su faire une application neuve des richesses de l'art, amoncelées par leurs conquêtes ; ils ont érigé, pour les jeux d'une simple fête, des monumens éternels ; ils ont couvert la terre entière de leurs routes, de leurs ponts, de leurs forteresses, de leurs aquéducs, dont les restes étonnans nous sont encore utiles. Leurs colonnes milliaires, leurs autels, leurs sépultures et leurs inscriptions élégantes et laconiques, se retrouvent et se lisent avec intérêt dans tous les pays où ils ont porté leurs armes et étendu leur domination. S'ils n'ont pas la gloire de l'invention, on ne peut leur disputer celle d'avoir appliqué avec justesse, et d'avoir agrandi tout ce qu'ils ont touché ; s'ils n'ont pas dans leurs monumens la grâce naïve et la simplicité des Grecs, ils ont des pensées hardies, des formes mâles, et des proportions élevées, étendues, une pompe, un accord de richesses, que commandaient la puissance d'un peuple toujours vainqueur, et le faste d'une cour où tous les rois de la terre venaient en supplians déposer leurs couronnes et leurs trésors, pour ne conserver qu'un vain titre.

. L'artiste Cassas, en formant sa collection de

modèles, n'a donc pu qu'être embarrassé dans le choix des monumens de l'architecture romaine, et il s'est appliqué à faire exécuter de préférence ceux dont les formes variées étant rapprochées ensemble, ou opposées à celles des autres nations, peuvent donner les idées les plus justes de toutes les ressources de l'art dans la décoration des édifices; présenter les formes les plus nobles, ou celles qui sont le moins connues, et dont on pourrait faire une heureuse application à nos monumens, en se pliant à nos usages et aux influences de notre climat.

N.º 49.

Obélisque du Vatican.

Il est de granit rose oriental : on croit qu'il fut taillé en Egypte sous le règne de Sésostris, puis transporté d'Egypte à Rome par Caligula, qui, la troisième année de son règne et la quarantième de Jésus-Christ, le fit ériger dans le Cirque, situé près du lieu où fut depuis bâti le Vatican.

Il est le seul des monumens de ce genre qui n'ait point été renversé à Rome par les Goths; il était seulement enterré jusqu'à moitié environ.

On dit qu'il portait à son sommet une boule

dans laquelle était renfermées les cendres de Jules-César.

La hauteur du piédestal est de.... 28 pieds.
Celle du fût.................... 72 .
La croix et les ornemens de bronze 18

TOTAL........ 118 pieds.

Les faces ne sont pas tout-à-fait d'égale largeur : celles des deux plus grands côtés ont environ 9 pieds ; le troisième côté n'a que 8 pieds 7 pouce , et le quatrième 8 pieds 3 pouces ; il fut érigé par le célèbre *Fontana*, dans la place de Saint-Pierre, en 1586, la seconde année du pontificat de Sixte V.

N.° 50.

Monument sépulcral, taillé à même le roc, dans la vallée de Josaphat, vulgairement appelé la Retraite des Apôtres.

CE monument est situé près de Jérusalem : le milieu porte évidemment dans son ordonnance le caractère grec, tandis que les espèces de tours, dont il est flanqué, tiennent au style arabe pour la masse, et sont revêtus de moulures et d'ornemens en usage chez les Grecs et chez les Romains. La place visible d'une inscription, taillée au-dessus des gradins, n'a point

été remplie, et nous laisse encore dans l'incertitude sur la date de ces constructions, qui, par
la manière dont elles sont prises à même la masse
du rocher, tiennent autant à la sculpture qu'à
l'architecture.

Plusieurs de ces grottes semblent n'avoir jamais été terminées ou consacrées ; et il ne serait
pas hors de toute vraisemblance de penser,
qu'ainsi que les statuaires et les marbriers avaient
des vases cinéraires et sarcophages tout faits
dans leurs magasins ; de même des artistes, autant sculpteurs qu'architectes, taillaient dans
cette partie du rocher des sépultures plus ou
moins riches et de formes variées, dont les ci-
toyens aisés faisaient ensuite l'acquisition pour
les consacrer à leur famille. Le luxe, le nombre
et le caractère de ces sépulcres autorisent peut-
être cette supposition, qui n'a d'ailleurs rien
de contraire aux mœurs des habitans de ces
contrées.

On achetait un champ, une grotte, une ca-
verne, pour en former sa sépulture ; pourquoi
n'aurait-on pas acheté de même un tombeau
tout taillé, et d'une richesse proportionnée à
ses moyens ?

N.º 51.

Tombeau de Cayus Cœsar, près de l'Ems, l'ancienne Emèse.

ON voit ce monument en Syrie, à 400 pas environ de l'ancienne Emèse, en allant du côté de l'ouest et vers la rivière anciennement nommée l'Oronte. Le nom de *Cayus Cœsar*, qui se lit encore sur l'une des faces du monument, confirme la tradition qui a transmis la dédicace de ce tombeau à la mémoire de Cayus Cæsar, petit-fils d'Auguste, né du mariage de la célèbre Julie avec M. Vipsanius Agrippa.

Il paraît que la sculpture n'en a jamais été achevée.

La mosaïque, qui forme le revêtissement de la partie supérieure, en forme de pyramide, a quelque chose qui tient au style oriental, et l'on trouvera dans la masse générale quelques rapports avec celle du tombeau de Mausole déjà décrit, quoique celui-ci n'ait point de péristyle, et qu'il soit beaucoup moins considérable.

On croit aussi retrouver dans ce monument quelque conformité avec les autels du soleil, que l'on adorait à Emèse avec encore plus de pompe que par-tout ailleurs.

N.º 52.

Petit Temple circulaire dans le mont Liban.

LES ruines de cette espèce de chapelle se rencontrent près d'un village sur la route de Tripoli à Baalbeck, au pied du Liban, du côté de cette dernière ville. Il n'en reste plus que les bases des colonnes et le plateau sur lequel elles reposent, encore bien conservés; tout le reste est détruit; mais ce monument étant du genre de ceux que Vitruve appelle *monoptères*, et dont il donne la description liv. IV, chap. 7, il n'était pas difficile d'en faire la restauration sans rien hasarder qui ne soit parfaitement conforme aux principes de l'architecture de ces sortes de temples, dont la forme est très-séduisante, et qu'on a si souvent multipliée parmi nous, soit dans les jardins, soit dans les tableaux, ou dans les décorations de théâtre, et dont cependant il reste peu d'exemples dans l'antique.

Celui-ci n'est qu'à six colonnes, et l'on ne peut, par cette raison, le comparer qu'au monument choragique de Lysicrates, vulgairement appelé la *lanterne de Démosthènes*, à Athènes; mais il n'est pas probable que son couronnement fût enrichi de tant de sculpture.

N.º 53.

Temple de Vénus à Baalbeck.

Ce n'est pas la pureté des formes qui fait le mérite de cette jolie coupole; il ne faut pas, au contraire, un goût sévère pour les trouver très-licencieuses, sur-tout en dehors; mais on ne peut refuser à cette architecture, du temps des derniers Empereurs, un effet théâtral et une grande légèreté. Les deux petits ordres qui décorent l'intérieur présentent une opposition agréable avec la hauteur des colonnes extérieures. C'est le style romain qui a retenu quelque chose de l'élégance des Grecs.

Quant au couronnement des niches extérieures, on a de la peine à concevoir comment une telle ressemblance avec le style moderne et les productions de Michel-Ange, peut se rencontrer dans un monument antique. Ce temple, encore bien conservé, est peu distant de ceux de Jupiter et du Soleil.

N.º 54.

Temple d'Auguste à Pola en Istrie.

Il existait à Pola deux temples entièrement semblables à celui-ci, qu'une inscription, encore visible dans la frise, nous apprend avoir été dédiés à Rome et à Auguste : on ne sait à qui l'autre, dont il ne reste que le mur du fond, et très-peu de ceux de la *cella*, était consacré; peut-être à Mars et à la Victoire. Au reste, celui qui subsiste est du genre de ceux que Vitruve appelle *prostyle*, à un seul portique, *tétrastyle*, à quatre colonnes de face, et enfin *sistyle*, dont les colonnes sont espacées à deux diamètres; celui du milieu seulement est un peu plus large, afin de mieux dégager la porte. Il est de marbre blanc, et les colonnes d'une espèce de brocatèle qui ressemble à la brèche d'Egypte. Ce petit monument, qui n'a que 20 pieds dans œuvre, et dont les colonnes n'ont que 2 pieds 6 pouces 4 lignes de diamètre, est une des plus élégantes productions de l'architecture; c'est l'emploi de l'ordre corynthien avec la richesse qui lui convient, mais sans être surchargé d'ornemens. Les frises qui décorent les faces latérales ont beaucoup de rapport, pour la composition et l'exécution, avec celle de la maison carrée de Nismes.

On remarque ici, sur la frise du portique, au commencement et à la fin de l'inscription, deux petites Victoires qui portent des couronnes, détails ingénieux échappés à Palladio et à M. David Leroy, qui ont les premiers publié cette antiquité, et que depuis M. Clérisseau

a fait connaître dans l'ouvrage de la Dalmatie,
publié à Londres en 1764; et dernièrement
M. Cassas, dans le voyage pittoresque de l'Istrie et de la Dalmatie, imprimé à Paris, en
1802, *in-folio* orné de 60 planches, auquel on
peut recourir pour connaître l'histoire et les
antiquités de cette contrée. Le texte de cet
ouvrage a été rédigé d'après l'itinéraire de L.
F. Cassas, par J. Lavallée.

N.º 55.

Tombeau dit des Horaces, à Albano, près de Rome.

CE tombeau est situé sur l'ancienne voie
Appia, en dehors d'Albane, du côté du levant.
C'est sans aucune autorité qu'il est vulgairement nommé tombeau des Horaces et des Cu-
riaces, peut-être à cause des cinq cônes tron-
qués, placés au-dessus de sa base, et parce qu'on
avait gravé au hasard, sur une pierre, les
noms d'Horace et de Curiace. Il est maintenant
très-dégradé, et la plus grande partie du revêtissement en pierre est ruinée.

N.º 56.

Temple de Vesta, à Rome.

CE monument est situé sur la rive du Tibre,

au pied du mont Aventin. C'est à cause de sa forme circulaire qu'on a cru qu'il pouvait être consacré à la déesse de la terre ou au soleil.

Vingt colonnes corynthiennes cannelées, et de marbre blanc, forment son péristyle autour de la *cella* du temple, dont le mur est bâti par assises de pierres blanches, et réglé de distance à autre par un cours d'assises de marbre. L'entablement est entièrement détruit, et les colonnes sont aujourd'hui engagées dans un mur, ce qui change entièrement l'effet de sa composition. Les tailloirs des chapiteaux sont aigus, et la sculpture n'en est pas très-belle. Le pavement actuel cache la plinthe carrée des bases ; mais je me suis convaincu, en levant une dale de ce pavement, qu'elle existe au-dessous.

Le soubassement sur lequel reposaient ces bases est tout-à-fait enterré, ce qui, à défaut de preuves historiques ; peut faire supposer une haute antiquité. On croit qu'il fut bâti par Numa Pompilius ; mais on ignore s'il n'a point été réédifié depuis. On en trouve le plan et tous les détails dans l'ouvrage de Desgodets, mais ils n'y sont pas d'une rigoureuse exactitude. Il est aussi détaillé dans la collection des antiquités romaines de Piranesi.

N.º 57.

Temple de Vesta ou de la Sibylle, à Tivoli.

MÊME forme et même partie de décoration que le temple précédent. Sa situation élevée et pittoresque, au-dessus des rochers d'où s'échappent les cascades de Tivoli, a fait placer ses ruines élégantes dans tous les tableaux des paysagistes. Dix-huit colonnes seulement composaient son péristyle; il n'en reste plus aujourd'hui que onze debout. Sa coupole est détruite, mais une partie de l'entablement subsiste encore; et la sculpture qui décore sa frise, composée de guirlandes et de têtes de victimes, est mâle et d'une belle exécution. Elle est mal rendue dans l'ouvrage de Desgodets, déjà cité, et il faut, pour la bien apprécier, recourir à l'ouvrage de Piranesi, où ses détails sont rendus en grand avec chaleur et vérité. On y trouvera également tous les détails de sa construction curieuse.

Une inscription gravée au-dessus de la porte fait connaître le nom de *Gelius*; et un ancien plan, qui fait partie de la nombreuse collection d'antiquités de Pyrro-Ligorio *, place ce

---

* Autrefois à Turin, aujourd'hui au cabinet des manuscrits de la Biblioth. impér. vol. Antiquités de Tivoli.

temple et celui qui en est voisin au milieu d'une très-grande *villa geliana*, ou maison de campagne de Gelius, dont on trouve encore des restes dans les nombreuses substructions qui environnent ces temples.

On peut prendre une idée très‑juste de sa dégradation pittoresque dans le modèle N.º 41, exécuté à Rome en liége, et colorié ensuite, ce qui rend, comme on sait, les monumens en ruine avec une vérité parfaite. Il est peu d'amateurs qui, voyageant en Italie, n'en rapporte quelques-uns de ces modèles, pour orner son cabinet et conserver des souvenirs délicieux; mais il y a beaucoup de choix parmi ces modèles, et tous ne sont pas également bien exécutés.

Les trois N.ºˢ suivans, 58, 59 et 60, de cette même matière, exécutés sous les yeux et sous la direction de M. Cassas, ne laissent rien à desirer. Le premier (N.º 58), qui représente l'arc de Constantin, est enrichi de bas-reliefs en terre cuite, qui expriment très-bien le caractère de cette sculpture antique. Ce monument est trop connu, pour qu'il soit nécessaire d'en faire une longue description : on sait qu'il fut embelli de beaucoup de sculptures, enlevées à l'arc de Trajan ; et il est facile de reconnaître celle de ce temps, où les arts étaient florissans, d'avec celle dégénérée du temps de Constantin. On ne verra pas sans intérêt les modèles de ces monumens de la gloire des Romains, au moment où l'on s'occupe d'ériger à nos armées victorieuses de semblables trophées. Une particularité que j'ai observée * à l'arc de Constantin, c'est qu'il était, en partie, revêtu de tables de porphyre rouge, d'un pouce d'épaisseur, qui encâdraient cette sculpture de marbre blanc, et devaient la faire ressortir admirablement. C'est à cause de ce revêtissement qui n'existe plus, que la frise est piquée au marteau, ainsi que le parement de la plupart des nus.

Le second (N.º 59), représente les restes du portique du temple de la Concorde, situé derrière le Capitole. Nous y observâmes que les grands blocs de granit rose ou gris, qui composent le fût de ces colonnes d'une ou deux assises seulement, sont posés sur des tables de plomb, qui tiennent lieu de couches de mortier.

Le troisième (N.º 60), donne le modèle du petit temple de la Fortune virile, à Rome, non

---

* En 1785, lorsque nous y vérifiâmes, M. Molinos et moi, l'ouvrage entier de Desgodets, et que nous fîmes mouler plusieurs parties d'ornemens à l'appui de nos observations sur cet auteur.

ruiné, tel qu'on le voit aujourd'hui sous le nom de Sainte-Marie l'Egyptienne, mais restauré, et tel qu'il était dans sa fraîcheur. On voit encore quelques parties des stucs dont la pierre était recouverte, et dans laquelle sont taillés les ornemens dont Desgodets n'a nullement rendu le caractère ; il faut encore avoir recours à l'œuvre de Piranesi, qui donne ce petit monument et ses profils très-en détail.

On peut facilement, en comparant les chapiteaux de cet ordre ionique avec ceux des monumens grecs précédemment décrits, reconnaître la différence du style romain d'avec celui des Grecs.

N.° 61.

Le mausolée d'Adrien et le pont Elius, aujourd'hui nommé le pont Saint-Ange, réunis, et sur la même échelle, avec toutes les colonnes et les statues dont ils étaient anciennement ornés.

On peut juger de la grandeur romaine par la magnificence de cet ensemble. Ce mausolée, superbe autrefois, et qui annonçait bien le monument sépulcral d'un maître de la terre, aujourd'hui dépouillé de ses marbres précieux et de tous ses ornemens, est devenu la forte-

resse de Rome , connue sous le nom de château Saint-Ange.

La pomme de pin en bronze qui formait son
couronnement, et deux paons de même mé-
tal, sont conservés au jardin du belvédère; et
l'on assure que les colonnes de brèche blan-
che et violette, qui forment la double nef de
la basilique de Saint-Paul, hors des murs, bâtie
par Constantin, ont été enlevées à ce monument, dont il est intéressant de faire la comparaison , soit avec le tombeau de Mausole,
soit avec les septizones , la pyramide Cestius,
les tombeaux indiens, ou ceux de Palmyre.

N.º 62.

Le mausolée d'Auguste.

CE monument sépulcral se rapproche du
précédent, et pour la masse et pour la forme
circulaire; bâti long-temps avant celui d'Adrien,
il a pu inspirer l'architecte pour la composition
de ce dernier.

Dans celui d'Auguste, plusieurs terrasses en
retraite, plantées d'arbres verds, en formaient
à-la-fois un bois sacré et un monument de l'art,
comparable à ces jardins si vantés de Semira-
mis dans Babylone.

Une statue colossale d'Auguste était placée

à son sommet, derrière une esplanade plantée d'arbres, et aux deux côtés du porche, qui lui servait d'entrée, deux obélisques de granit rose oriental, l'un desquels se voit encore à Sainte-Marie-Majeure, et l'autre à *monte Cavallo*, entre les deux groupes célèbres, attribués à Phidias et à Praxitèles.

N.° 63.

Le Septizonium, monument à sept étages, que l'on croit avoir été le tombeau de Septime-Sévère.

CE monument, dont la masse peut se comparer aux deux précédens, était placé sur le penchant du mont Palatin, du côté du mont Cælius, non loin de la voie Appia, et présentait un grand luxe d'architecture, par toutes ses colonnades superposées les unes au-dessus des autres, mais sur un plan carré. On est autorisé, par le nom de Septizonium seulement, et par d'anciens dessins conservés à la bibliothèque du Vatican, à lui supposer sept étages en colonnades ; quelques personnes pensent qu'il n'en a jamais eu que trois. Quoi qu'il en soit, celles que présente le modèle sont combinées avec beaucoup d'art et de goût; il en est de même d'un autre monument du même genre, N.º 64, qui porte le nom de *Tour de Mécènes*, et dont on peut comparer la masse et la combinaison avec le précédent, pour prendre une idée de tout ce que peut produire le luxe de l'architecture dans les formes pyramidales, que l'on veut porter à une très-grande élévation, pour les faire dominer sur les autres édifices dans une grande cité, et annoncer de loin sa magnificence. Le plus riche et le plus élevé des tombeaux de Palmyre, déjà cité N.º 38, peut encore entrer en comparaison avec ces édifices, et fournir aux peintres de décoration les idées les plus nobles et les plus somptueuses, ainsi que les effets les plus piquans, par le jeu de la lumière et des ombres sur tous ces plans différens.

N.º 65.

Pyramide de C. Cestius, à Rome.

On peut prendre par ce petit monument, encore aujourd'hui bien conservé hors des murs de Rome, du côté de la porte Saint-Paul, une légère idée des pyramides d'Egypte, quant à la forme seulement; car le volume n'est rien en comparaison de ces colosses de l'architecture. La petite chambre sépulcrale placée dans l'intérieur de la pyramide de Cestius, était décorée de stucs et de peintures agréables, dont on trouvera tous les détails finement exprimés dans l'ouvrage de Santo Bartholi sur les tombeaux des environs de Rome, et dans le recueil de Piranesi. Aux quatre angles de ce monument revêtu de marbre, étaient des colonnes isolées et des figures sur des piédestaux, qui servaient à faire valoir et à grandir à l'œil la masse principale, en-même-temps qu'elles ajoutaient à sa décoration extérieure.

L'inscription encore bien conservée sur une des faces de cette pyramide, nous apprend le nom de C. Cestius, à qui elle fut érigée, que l'on croit avoir vécu au siècle d'Auguste, et exercé la charge d'*epulon*, qui consistait à fournir et entretenir les *lectisternes* ou tables et banquets des dieux, dans les fêtes publiques et les cérémonies religieuses. La même inscription annonce que tout l'ouvrage fut exécuté en 330 jours.

N.º 66.

Tombeau dit de Néron, *situé près de la porte du peuple de Rome.*

C'est un sarcophage d'une grande proportion, dont la base est aujourd'hui très-ruinée, auquel on a donné ce nom. Néron fut enterré dans le tombeau des Domitiens, situé près de ce lieu.

N.º 67.

Autre tombeau que l'on voit à la villa Ludovisi.

On a modelé en terre cuite quelques-uns de ces tombeaux, dont la variété est immense, et formerait seule un ouvrage des plus curieux, si l'on comparaît ceux des différens peuples. Personne ne peut mieux réaliser un tel projet que M. Cassas, qui a rassemblé dans ses voyages, et par ses recherches, un grand nombre de dessins de ce genre, et qui a déjà fait le choix nécessaire pour en composer le recueil le plus intéressant.

N.º 68.

Colonne milliaire.

Ces colonnes se plaçaient, comme on sait, sur les voies antiques, pour marquer les distances depuis le Capitole, en quelque sorte, jusqu'aux extrémités de la terre.

On en découvre journellement un grand nombre dans tous les pays où ces routes romaines étaient pratiquées, et le plus souvent exécutées par les légions triomphantes.

Celles dont on a fait choix sont conservées au Capitole, à Rome.

N.º 69.

Colonne rostrale, également conservée au Capitole.

CES colonnes, ornées de becs et de proues de vaisseaux, s'érigeaient en mémoire des victoires navales.

Quelquefois on fondait des colonnes de forme ordinaire avec le bronze enlevé aux vaisseaux ennemis, comme le fit Auguste, qui en érigea quatre après avoir soumis toute l'Egypte.

Jules-César en avait érigé deux auparavant, ornées de proues de vaisseaux.

Une autre colonne rostrale fut frappée de la foudre dans le capitole, au rapport de Tite-Live.

On croit que celle-ci fut érigée en mémoire de la première victoire navale remportée par Duilius sur les Carthaginois.

N.º 70.

Trophées dits de Marius, *au Capitole.*

CES trophées, aujourd'hui conservés au Capitole, étaient autrefois placés au château de l'Eau-Martia, sur la route qui conduit de Sainte-

Marie-Majeure à Sainte-Croix de Jérusalem.
Les uns veulent qu'ils aient été érigés à Marius, d'autres à Auguste; nous laisserons cette
question à traiter aux savans antiquaires, et
nous nous contenterons de les faire remarquer
ici comme des modèles de la magnificence romaine portée au plus haut degré : pensée, composition, choix des armures, exécution, tout
est ici du plus beau choix et du plus grand caractère; les figures allégoriques qu'on y distingue font valoir, par leur proportion moyenne,
la grandeur des armures; elles semblent, par
cette raison, avoir été enlevées à des géants.
Quelle noblesse de formes! quelle symétrie,
sans froideur dans la distribution des masses!
quelle exécution large et savante!

Source inépuisable d'étude pour les sculpteurs, les peintres, les architectes, nous avons
l'espoir de les voir reproduire ici dans les monumens qui s'élèvent à la gloire de nos armées
victorieuses. Quel plus digne hommage pour-
rait-on leur offrir! Que les victoires à jamais
mémorables de Marengo et d'Austerlitz soient
consacrées par de semblables trophées, et que
le ciseau de nos plus habiles statuaires s'honore
d'égaler la beauté du travail de ces chefs-d'œuvre de l'ancienne Rome, où l'art des Grecs est
empreint !

Les deux modèles en terre cuite que M. Cassas met ici sous les yeux du public dans sa collection, ont été modelés à Rome d'après les
originaux, et d'après les beaux détails savam-
ment gravés par Piranesi; ils donnent une haute
et juste idée de ces nobles compositions, et
tous les amis des arts lui sauront gré de les
avoir présentés sur une échelle assez grande
pour en bien saisir à-la-fois la masse, et pouvoir
en distinguer les détails.

L'apothéose d'Antonin, N.º 71, est modelée
avec le même soin en terre cuite, et mérite
également l'attention des artistes. Puisque nous
appelons ici cette attention sur la belle exécution de ces modèles, nous ne pouvons nous
dispenser d'observer que la plus grande partie
de ceux d'architecture, et les mieux exécutés,
sont dus aux talens très-distingués, dans ce
genre, de M. Fouquet, modeleur d'architecture *, et qu'il a acquis la perfection pour la
justesse des proportions et la précision dans les
profils.

* Rue de Lille, n.º 688, derrière les Théatins.

DE L'ARCHITECTURE DU BAS-EMPIRE.

La fin du règne de Constantin est l'époque assignée à la décadence de l'architecture antique, proprement dite.

Les siècles qui suivirent furent des temps de destruction ; la plupart des grands monumens furent incendiés, pillés, rasés par les barbares, ou changés en forteresses pour s'opposer à leurs incursions.

Les progrès de la religion chrétienne firent aussi abandonner et détruire un grand nombre de temples du paganisme ; un nouveau genre d'architecture se composa de tous les débris échappés à la destruction ; on le doit aux Arabes. Ils firent consister son mérite dans l'adresse de la construction ; ils voulurent étonner l'œil par des voûtes et des arcs d'une immense étendue ; et pour les faire paraître encore plus surprenantes, ils divisèrent les points d'appuis, et les dissimulèrent sous une infinité de formes, sans adopter aucun système apparent de proportion.

Ils employèrent, tantôt symétriquement, tantôt au hasard, de riches fragmens, des fûts de colonnes antiques, des débris d'ornemens grecs du plus beau travail, et les placèrent en équilibre dans des formes pyramidales, qu'ils firent dominer par une hauteur excessive, et qu'ils multiplièrent à l'envi, suivant l'étendue ou l'importance des édifices.

Chacun d'eux a sa tour élevée; des flèches, des pignons évidés sans nombre servirent de point d'appui à des toîts d'une hauteur démesurée, et le principal mérite d'un édifice se conclut de son plus ou moins d'élévation au-dessus des édifices environnans.

C'est à cette époque et dans le 5.e siècle, que l'architecte Antinopus, natif de Candie, fonda Venise au sein des eaux, et qu'elle se bâtit ensuite avec magnificence des débris que ses vaisseaux chargeaient dans tous les ports de la Grèce et de l'Italie.

Théodoric, roi des Goths, fatigué de ravages, en arrêta le cours en Italie; il montra du respect pour l'antiquité, permit qu'on relevât les ruines de Rome, et bâtit dans Ravenne de grands et de nombreux édifices qui honorèrent à-la-fois son goût et son règne.

Justinien, surnommé à juste titre le *Bâtisseur* et le *Réparateur* des villes, en érigeant l'église de Sainte-Sophie à Constantinople, créa le chef-d'œuvre du Bas-Empire; et lorsque les Turcs s'en emparèrent pour faire une mosquée, ils n'ont pu le défigurer assez pour empêcher qu'il ne passe encore pour tel dans la capitale de l'empire d'Orient.

Celui d'occident fut encore plus maltraité, et le goût des Francs pour l'architecture ne se manifesta d'abord que par les églises massives, qui s'érigèrent sous la direction des abbés ou des évêques dans les premiers temps du christianisme; cependant, ces édifices ne laissèrent pas de se multiplier sous les rois de la première race, dont les libéralités fondèrent les plus anciennes églises de la France, et même de Paris.

On doit à Charlemagne les progrès que l'architecture fit en France sous les rois de la seconde race. Ce prince, qui mérita le surnom de Grand par son génie élevé, et par le succès de ses armes, rapporta de ses conquêtes en Espagne et en Italie, le goût des Arabes, des Maures, des Sarrasins, et celui des Lombards. Les monumens qu'il fit ériger, et qui servirent de modèles à ses successeurs, participèrent de l'élégance des premiers, et de ce genre semi-gothique, où les Lombards acclimatés depuis plusieurs siècles en Italie, avaient introduit quelques traces de l'architecture antique, et dont ils avaient laissé d'assez grands exemples dans les édifices de *Pavie*, de *Milan*, de *Padoue* et de *Monza*.

Il résulta de ce mélange d'arabe et d'antique, de lombard et d'ancien gothique, dont le goût dominait en France et en Allemagne, où Charlemagne faisait alternativement son séjour, que les monumens érigés par ce prince et par ses descendans, à Aix-la-Chapelle et à d'autres points de l'Empire, prirent le nom de *nouveau gothique*, et que ce genre fut généralement adopté et perfectionné à différens degrés dans tous les lieux où la religion chrétienne étendit son empire.

Il penchait plus ou moins vers l'arabe ou vers l'antique, selon que les communications étaient plus fréquentes ou plus faciles avec un pays ou avec l'autre, ou que celui qui en avait la direction avait fait un plus long séjour dans l'une de ces contrées; si c'était des ecclésiastiques, ils repoussaient le genre des Arabes ou des Sarrasins - Musulmans; si l'architecte était un laïque enclin au métier des armes, il était plus tolérant sur ce point, et mêlait dans l'architecture ce style des châteaux et des forteresses, dont les églises et les palais de Florence ont conservé les formes austères et l'aspect formidable; il associait les fossés, les contre-forts, les flèches et les crénaux, les bossages et les roses gothiques élégamment évidés. Ce que l'art de ces constructions érigeait avec constance, ce que des bras armés défendaient vaillamment, les Normands le ravageaient avec fureur; et ces ruines de tous genres, mêlées et confondues, alternativement relevées et ravagées par le fer et les flammes, faisaient de chaque édifice un chaos où l'on peut suivre à peine la trace d'un goût dominant, ou séparer le mélange de tous ces genres dus à des siècles, et souvent à des peuples différens, dans des monumens commencés, interrompus, repris, quittés, et souvent renversés avant d'avoir pu être achevés.

Telle est l'architecture du moyen âge, et qui porte généralement le nom de gothique, jusqu'au siècle de sa renaissance, époque où elle lutta long-temps encore avec les principes que lui opposait la découverte des monumens antiques, recherchés alors, et soigneusement étudiés.

Les noms célèbres de Bruneleschi, de Léon-Baptiste Alberti, paraissent dans l'histoire des arts comme des fanaux qui reportèrent la lumière au milieu des ténèbres.

Le siècle de la renaissance se prépare, les écrits de Vitruve sont traduits, et les monumens antiques exhumés après mille ans d'oubli et plus; ils inspirent et forment les grands talens des Bramante, des Sangallo, des Michel-

Ange, des Raphaël, des Balthazar Peruzzi, des Léonard de Vinci, des Fra Jocondo, des San Micheli, du Sansovino; enfin, Serlio, Scamozzi, Palladio, Vignole, Pyrro-Ligorio, le Primatice, éclairent l'Italie et la France; Léon X, Laurent de Médicis, surnommé le Magnifique, et François I.er, amis des lettres et des arts, font briller à-la-fois leurs lumières; ils créent presqu'au même instant ces chefs-d'œuvre immortels qui ont placé leur siècle à la hauteur de ceux de Périclès et d'Auguste.

Ce siècle de la renaissance ne vit point l'enfance des arts; ils reparurent grands et sublimes en sortant des débris majestueux de la Grèce et de Rome, pour dégénérer encore lorsqu'ils voulurent s'éloigner de leur source.

N.º 72.

La fameuse Tour penchante de Pise, exécutée en liège.

Ce monument singulier, que son inclinaison actuelle rend encore plus extraordinaire, est du 12.e siècle. Il fut bâti par Bonanno de Pise, sculpteur, et achevé par Guillaume Allemand.

On a faussement débité qu'elle avait été bâtie dans l'origine avec l'inclinaison de 6 brasses ou 30 pieds, qu'on y remarque aujourd'hui avec tant d'étonnement. Il est facile de voir, en l'examinant avec attention, que cette pente est due à l'affaissement successif du terrain, qui aura cédé d'un côté par quelque veine de glaise, ou par le travail seul des eaux; et cette inclinaison n'ayant point dépassé le centre de gravité, la tour a pu se soutenir. L'artiste qui a exécuté le modèle en liège avec beaucoup d'intelligence et de précision, a donné le moyen de l'incliner à son degré, et de la remettre d'aplomb; ce qui fait parfaitement concevoir comment ce mouvement a pu s'opérer doucement, sans déranger sensiblement l'appareil.

Voici quelques observations sur les mesures que nous fîmes, M. Molinos et moi, en passant par Pise pour aller à Rome.

Le diamètre extérieur du bas est de 49 pieds, et 22 pieds 9 pouces intérieurement; les colonnes du premier étage ont de 13 à 14 pouces de diamètre; elles sont espacées du mur, à partir de leur axe, de 3 pieds 9 pouces; aux second et troisième étages même écartement; au quatrième étage cette distance est de 4 pieds; elle est la même aux cinquième, sixième et septième étages; les murs, à l'avant-dernier étage, ont 7 pieds 6 pouces d'épaisseur. Au huitième et dernier étage, les colonnes sont adossées au mur.

Le diamètre supérieur de la tour est de 24 pieds 2 pouces intérieurement, et 34 pieds 10 pouces extérieurement.

Les arcades du haut ont 5 pieds 3 pouces d'ouverture, et 7 pieds 6 pouces 9 lignes du dessous de l'imposte sur la marche extérieure.

Le petit escalier a 2 pieds et demi de large; la hauteur, calculée par les marches, qui sont au nombre de 326, et qui ont 6 ou 7 pouces et demi, et jusqu'à 8 pouces de hauteur, est de 179 pieds 4 pouces. Toute cette construction est en pierre, médiocrement exécutée; mais elle produit, par sa réunion à la belle cathédrale, au baptistère et au campo-santo *, le tableau d'architecture le plus riche et le plus imposant; l'immense quantité de fragmens antiques et leur combinaison pittoresque, dans ces quatre monumens très-rapprochés, le ton harmonieux et chaud que le temps leur a donné sous le plus beau ciel du monde, le riche tra-

---

* Cimetière entouré de galeries et rempli de sarcophages variés, que la reine Christine appelait son muséum. Le milieu découvert contient la terre sainte que cinquante galères parties de Pise pour aller au secours de l'empereur Frédéric Barberousse, en 1228, apportèrent de Jérusalem. Ce monument curieux est de Jean de Pise, architecte et sculpteur, élève de Nicolas de Pise, son père.

vail de la sculpture, qui tient au style grec
des temps bas; tout attire, séduit et retient le
voyageur dans ce beau lieu, dans cette ville
célèbre et riche en monumens des arts.

N.° 73.

Château dont on voit les ruines entre Cæsarée et Saint-Jean-d'Acre.

Ce château. qui servait à défendre les côtes
de la Palestine, a été bâtie par les Arabes avant
les premières croisades , et a servi long-temps
de retraite aux différens Croisés.

Sa masse élevée, flanquée de tours, entourée de fossés et de murailles crénelées,
est très-pittoresque, et présente un caractère
d'architecture formidable, qui a quelque rapport avec l'ancien château de Vincennes, mais
qui est beaucoup plus prononcé.

N.° 74.

Monument triomphal dont on voit les ruines ·près de Tortose.

Ce monument ressemble beaucoup à la tour
ou pile de Saint-Marc , que l'on voit sur la
route de Tours à Angers , et dont M. de la
Sauvagère parle dans ses mémoires sur quelques antiquités de la France. Le dessin en

a été communiqué à M. Cassas, qui lui trouve aussi du rapport avec un monument triomphal dont il a fait le dessin près de Noto, et qui est gravé dans le voyage de Naples et de Sicile, par l'abbé de Saint-Non *.

Les N.ᵒˢ 75 et 76 représentent les modèles des tours penchantes, dites *degli Azinelli* et *Garizanda*, à Bologne. Ces tours élevées sont très-communes dans les villes d'Italie, où, pendant les guerres civiles, elles servaient à épier les démarches des troupes ennemies, ou à donner des signaux à de grandes distances. La tradition vulgaire veut toujours que ces tours aient été bâties ainsi inclinées, pour prouver l'adresse des constructeurs; mais il est plus que probable qu'elles n'ont fait que suivre le mouvement du terrein, affaissé lentement par des causes inconnues. Quoi qu'il en soit, elles s'aperçoivent de très-loin, et caractérisent l'aspect de ces villes d'Italie, qui mettaient une sorte de gloire et de rivalité à posséder les tours les plus élevées. Cette inclinaison, qui n'est que bizarre vue de loin, est effrayante

---

* Tome IV, 2.ᵉ partie, page 317.

Le Voyage de Naples et de Sicile se trouve maintenant chez *Leblanc*, imprimeur-libraire, rue la Paix, n.ᵒ 1, maison Abbatiale de Saint-Germain-des-Prés.

lorsque l'on est au pied de ces Campaniles, ou lorsque l'on domine à leur sommet sur la ville et sur les campagnes voisines.

CONCLUSION.

Sans doute il serait possible d'ajouter un grand nombre de modèles à cette collection; plusieurs personnes croiront qu'elle devait aussi contenir le Panthéon de Rome, le Colisée, la Colonne Trajane, le Temple de la Paix, etc. Mais outre que la confusion pourrait naître de cette augmentation, et la fatigue résulter de l'examen et de la comparaison de tant de formes différentes, le compositeur de cette galerie a dû se borner à présenter au public un choix varié parmi les innombrables productions de l'architecture antique. Il a dû même donner la préférence à celles qui sont moins connues sur celles dont les gravures sont entre les mains de tout le monde, et n'auraient offert à l'œil que des objets trop fréquemment exposés.

La place qu'auraient occupée ceux d'un très-grand volume, offre un nouvel obstacle au desir qu'il aurait eu de présenter un cirque, un amphithéâtre, une naumachie, un aqueduc, un palais des thermes, etc. Cependant, il ne perd point l'espérance de choisir successivement,

parmi ces édifices, ceux qui joindront à un
grand intérêt la facilité de l'exécution : tel serait, par exemple, le modèle de l'amphithéâtre
en bois de Curione, cité par Pline, liv. XXXVI,
chap. 15, dont les deux hémicycles, tournant
sur un pivot, pouvaient à volonté former deux
théâtres adossés, ou un seul amphithéâtre, sans
que les spectateurs fussent obligés de quitter
leurs places; et quelques autres modèles encore, dont on n'a jamais vu que les descriptions
dans l'histoire, sous le nom de *merveilles du
monde,* comme le colosse de Rhodes, le phare
d'Alexandrie, etc. etc.

M. Cassas a dû se borner encore à l'architecture antique; car s'il eût une fois dépassé le
siècle de la renaissance, et qu'il lui eût fallu
choisir, parmi les mosquées, les églises ou les
palais superbes, des villes d'Orient, d'Italie,
d'Espagne, de France, d'Allemagne ou du nord
de l'Europe, il aurait facilement, même en y
mettant la plus grande réserve, trouvé les matériaux d'une galerie moderne, dix fois plus
nombreuse que celle qu'il a formée des principaux chefs-d'œuvre de l'antiquité. Il a donc
fallu se borner, et laisser à quelque autre voyageur passionné, ou à quelque riche amateur,
le mérite et la gloire de surpasser le travail d'un
artiste.

Quant à la notice explicative qu'il était nécessaire de joindre à cette exposition, pour en faciliter l'examen, et pour fixer l'attention sur les particularités de chaque genre d'architecture, ou de quelques monumens à part, si l'on trouve que j'ai omis plusieurs observations essentielles, soit à l'histoire, soit à l'art, je répondrai que j'ai toujours craint d'excéder les bornes d'une simple notice; si, au contraire, on me reprochait de l'avoir trop étendue, je conviendrai facilement de ce tort; je prierai seulement alors mes censeurs de vouloir bien changer son titre, et de la considérer comme le programme abrégé et le très-court extrait d'une histoire générale de l'architecture.

FIN.

www.ingramcontent.com/pod-product-compliance
Lightning Source LLC
Chambersburg PA
CBHW071534220526
45469CB00003B/779